しくみがわかる
深層学習

An Introduction to
Deep Learning

Taro Tezuka

手塚 太郎 著

朝倉書店

まえがき

　初対面の人に大学で人工知能について研究していると自己紹介すると，反応がいまいちな時がある．さらりと流され，聞かなかったことにされているような気がする．

　実際のところ，世間では人工知能に対して否定的な意見を持っている人が予想以上に多いのではないかと思っている．勤労者を職場から追放し，心を数値に置き換え，人間の存在を不要にするものとして捉えられているのではないか．それを研究しているということで，悪の営みに従事している人間と思われているのではないだろうかと心配している．

　たしかに，人工知能によってそのような未来がもたらされる可能性もある．だがその逆に，我々がこれまで想像もできなかったような幸福な世界を作り出してくれるという可能性もある．

　いずれにせよ，我々の社会に巨大な影響を与えつつある人工知能がどのような仕組みで動いているのか知りたくならないだろうか．

　本書では人工知能を実現する上で現時点でもっとも有力な手法のひとつとされている深層学習について，それがどのような構造をしているのか，いかなる考え方に基づいて作られているかを説明することを目的としている．著者は大学で機械学習の研究を行うとともに，学生に講義や演習を通して教えている．その経験をもとに，他の書籍で学生がつまずきがちだったところを補うような記述を心がけた．

　とくに意識した点として，天下り的に深層学習の構造や学習の規則を羅列するのではなく，「なぜそうなるのか」の説明に力点を置いて書いた．そのため数学的基礎についての解説も多少長くなった．しかし深層学習の本質を理解するためには数学的記述は避けて通れない．最新の論文は数式を使って書かれて

いることがほとんどであり，特定のプログラミング言語を使って説明されることは滅多にない．さらに発展的な書籍を読み進める上でも記法の理解は重要である．

本書ではベクトルや行列を使うことで添え字を減らし，式を簡潔に書くことを心がけた．シンプルな記法を使ってこそ計算の本質が見え，新たな工夫を生み出す力に繋がると考えたためである．

本書の構成は以下のようになっている．第 1 章では深層学習についてまったく知らないという読者を念頭に，そもそもそれが何であるかについての概略を述べた．第 2 章では機械学習で使われる基本的な概念をなるべく数学用語を使わずに説明した．第 3 章は本書で使われる数学について，基礎的な事項から説明した．第 4 章ではニューラルネットワークの一般的な構造を示し，第 5 章でニューラルネットワークを学習させる方法，とくに深層学習において広く使われている確率的勾配降下法やドロップアウト，バッチ正規化に重点を置いて説明した．それ以降の章は深層学習の各種手法についての各論であり，第 6 章で畳み込みニューラルネットワーク（CNN），第 7 章で再帰型ニューラルネットワーク（RNN），第 8 章で深層生成モデル，とくに敵対的生成ネットワーク（GAN）について述べた．

読者としては深層学習の仕組みを理解したいエンジニアや研究者，意欲の高い高校生，社会を変えつつあるテクノロジーに関心のある起業家や知識人を想定している．そのため深層学習で使われる数学についてはできるだけ高校生でも読めるような記述を目指した．

本書を通して深層学習やそれを含む大きな枠組みである機械学習，人工知能の現在の姿についてに関心を持っていただけたら幸いである．

本書を執筆する上では多くの方々にお世話になったが，とくに企画の段階から深く関わってくださった朝倉書店編集部，原稿に目を通して有益なコメントをくれた筑波大学学生の山田純也，野沢健人，平松淳，宍倉基文，本川哲哉，滑川静海の各氏に感謝したい．

2018 年 5 月

手塚太郎

目　次

▶1　深層学習とは　　1
　1.1　ニューラルネットワークのブームは繰り返される　1
　1.2　何が深いのか　3
　1.3　学習するとはどういうことか　6
　1.4　深層学習はなぜうまく行くのか　7

▶2　機械学習で使う用語　　11
　2.1　機械学習における各種のタスク　11
　2.2　モデルとパラメータ　15
　2.3　過去問だけ解けてもダメ　16

▶3　深層学習のための数学入門　　20
　3.1　数を並べたものはベクトル　20
　3.2　ベクトルの演算　24
　3.3　数を縦横に並べたのが行列　26
　3.4　スカラー・ベクトル・行列はすべてテンソル　29
　3.5　微分・勾配・ヤコビ行列　32
　3.6　確率と統計量　42
　3.7　クロスエントロピーとKLダイバージェンス　49

▶4　ニューラルネットワークはどのような構造をしているか　　58
　4.1　線形分類器は直線でデータを分類する　58
　4.2　重みはデータに基づいて最適化される　62

- 4.3 単純パーセプトロン　63
- 4.4 損失関数としてのクロスエントロピー　67
- 4.5 経験リスク最小化　69
- 4.6 単純パーセプトロンにおけるクロスエントロピー　71
- 4.7 ソフトマックス関数　72
- 4.8 正規分布と平均二乗誤差　77
- 4.9 多層パーセプトロン　79
- 4.10 活性化関数　84

▶5　ニューラルネットワークをどう学習させるか　88

- 5.1 パラメータ空間を動き回るパラメータベクトル　88
- 5.2 勾配降下法で山を下る　90
- 5.3 確率的勾配降下法　91
- 5.4 誤差逆伝播法（バックプロパゲーション）　93
  - 5.4.1 順伝播でひとまず予測を行う　95
  - 5.4.2 出力ユニット直前の重み行列の更新規則　96
  - 5.4.3 中間的な重み行列の更新規則　103
  - 5.4.4 逆伝播で間違いを伝えていく　106
  - 5.4.5 デルタの更新規則　107
  - 5.4.6 勾配消失問題　110
  - 5.4.7 順伝播と逆伝播の反復　111
- 5.5 適応的最適化　112
- 5.6 ドロップアウト　114
- 5.7 バッチ正規化　115

▶6　畳み込みニューラルネットワーク　120

- 6.1 局所特徴　120
- 6.2 フィルタリングによって局所特徴を検出する　123
- 6.3 畳み込み層　127
  - 6.3.1 受容野　130

目次　　　　　　　　　　　　v

　　6.3.2　カーネルの勾配　131
　　6.3.3　パディングで縮小を補填　132
　　6.3.4　ストライドで大またぎ　133
　　6.3.5　チャネルを増やして多数の局所特徴を捉える　133
　6.4　プーリング　135
　6.5　2D-CNN　138

▶7　再帰型ニューラルネットワーク　　　　　　　　　　　　142
　7.1　系列データ　142
　7.2　再帰型ニューラルネットワークは記憶を持つ　142
　7.3　通時的逆伝播（BPTT）　146
　7.4　LSTM は記憶力をコントロールする　147

▶8　深層生成モデル　　　　　　　　　　　　　　　　　　152
　8.1　生成モデル　152
　8.2　敵対的生成ネットワーク（GAN）　153
　8.3　転置畳み込み（デコンボリューション）　156

おわりに　161

章末問題解答　162
文献案内　168
索　引　171

1 深層学習とは

　人工知能がブームである．週刊誌でもビジネス誌でも連日のように特集記事が組まれている．人間の代わりに仕事してくれることを期待する人がいる一方で，そもそも人間が要らなくなるのではないかと不安に思う人もいる．
　なぜここ数年で人工知能がこれほどの注目を集めるようになったかといえば，**深層学習**（ディープラーニング，deep learning）の急速な発展が理由と言えよう．深層学習はこれまで人間でなければ対処できなかったような知的な課題を次々と達成しており，高い能力を持った人工知能を実現する有力な手段として期待されている．現在の人工知能ブームは深層学習によって牽引されていると言っても過言ではない．
　それと同時に，深層学習は人間の脳の構造からインスピレーションを受けて作られたという特徴がある．深層学習は我々自身の脳がどのように働いているのかについて，何らかのヒントを与えてくれるのかもしれない．
　本章では深層学習の概略と，それが従来の手法とどう違うのか，また本書の残りの章がどのような内容を扱うかについて述べる．

1.1 ニューラルネットワークのブームは繰り返される

　深層学習は**機械学習** (machine learning) の手法のひとつである．機械学習はプログラムの挙動を開発者があらかじめ定めるのでなく，大量のデータに基づいてプログラム自体が最適な挙動を身につけるようにするアプローチである．

これはいわば子供が経験を積むことで能力を身につけていくことに相当する．人間の子供のように何でも学べる存在を作り出すことが機械学習の目標である．

　深層学習が現在までに利用されている例としては，画像に何が映っているかを判定する，手書き文字を認識する，言語間で自動翻訳を行う，白黒画像に色をつける，顔画像から感情を判定するなど多岐にわたっている．機械学習において多大な進歩をもたらしている深層学習であるが，その本質は人工知能の分野で古くから研究されてきたニューラルネットワーク (neural network) と呼ばれる手法を発展させたものである．ニューラルネットワークは1950年代に登場してから現在までに2回ほどブームが来ており，今回が3回目である．いずれも大きなブレークスルーが生じ，広い関心を集めるが，やがて他の手法が現れ，人工知能研究者の注目が移るということを繰り返してきた．それでもなお多くの研究者がニューラルネットワークに期待する理由はその高いパフォーマンスもさることながら，それが脳をモデルとして作られているからというのもあるだろう．

　「ニューラル (neural)」という言葉は神経細胞を表すニューロン (neuron) から来ている．脳では多数の神経細胞が互いに結びつき，ネットワークを作ることで高度な知的機能を実現している．しかし深層学習を含め，現在利用されているニューラルネットワークは現実の脳と比較して大幅な単純化が行われており，生物の脳がニューラルネットワークと同じように動作しているというのは言いすぎである．そのため，ニューラルネットワークの構成要素はニューロンではなくユニット (unit)，またはノード (node) と呼ばれることが多い．「単純な機能を持ったユニットを多数集めて連携させることで高度な機能を実現する」というのがニューラルネットワークの重要な思想である．これはニューラルネットワークがその他の人工知能の手法と異なる点であり，また脳からインスピレーションを得ているとされる理由でもある．

　図1.1に示すように，脳では神経細胞から放出された化学物質（神経伝達物質）を別の神経細胞が受け取ることで情報が伝わるが，ニューラルネットワークはコンピュータ上で実行されるソフトウェアであるため，実際にユニットに

対応する物体がコンピュータの中に存在している訳ではない[*1)]．ニューラルネットワークはいわば脳を単純化したシステムのシミュレータであり，ユニットの状態はコンピュータのメモリ上に他のデータとともに存在しているのみである．

図 1.1　ニューロン（神経細胞）間では神経伝達物質によって情報が伝わる．ニューラルネットワークのユニット間では情報を表す数値の受け渡しが行われる．

ニューラルネットワークの研究はユニットをどのように結びつけるか，またユニット間の結合の強さをどのように変化させていくかを主眼として行われている．深層学習を従来のニューラルネットワークから区別するのもまた，ネットワークの構造と結合の強さを変化させる方法である．

1.2　何が深いのか

人工知能の目的は知的なシステムを実現することであるが，知的とは何かを突き詰めて考えれば，入力に対して適切な出力を行うことと言えるだろう．知的なシステムは必ず入力と出力を持つ．生物における入力は眼や耳などの感覚器官，出力は筋肉や声帯などの運動器官と結びついている．人工知能は入力をキーボードやマイク，カメラから受け取り，出力を画面やスピーカー，モーターに送る．

入力と出力の間には中間的な情報表現が存在する．人間の場合は（感覚器官

[*1)] ただしニューラルネットワークをハードウェアとして実現することも行われており，その場合はそれぞれのユニットについて実際に半導体素子を作成し，それらを結びつけて電子回路が作られる．

や運動器官と直接結びついていない）脳内の神経細胞である．ニューラルネットワークの場合，入力と出力の間にユニットが多数存在し，それらは隠れユニット (hidden units) と呼ばれる（図 1.2）．入力と出力は外界と接点を持っているのに対し，隠れユニットは外から直接アクセスされないため，そのような名前になっている．

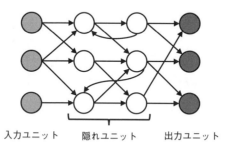

入力ユニット　隠れユニット　出力ユニット

図 1.2　入力ユニットは入力データを受け取り，出力ユニットは計算結果を出力する．隠れユニットはその間で計算を担う．

ニューラルネットワークはコンピュータ上で実行されるため，すべての情報は数値として表現される．入力ユニットが受け取るのも数値，出力ユニットが送り出すのも数値である．入力がテキストや画像であっても，それらはまず数値で表現され，ニューラルネットワークに渡される．コンピュータでは一般的に行われるように，文字にはそれぞれ数値が割り当てられ，また画像はピクセルごとに RGB（red, green, blue，光の三原色）それぞれの色の強さが数値で表される．同様に出力も数値であるが，これらはテキストや画像に復元される．また，モーターであれば回転速度，スピーカーであれば振動の大きさに反映される．

入力ユニットは入力装置あるいは記録されたデータから数値を受け取り，隠れユニットに渡す．隠れユニットと出力ユニットは他のひとつまたは複数のユニットから数値を受け取り，それに変換を行って得られた数値を他のひとつまたは複数のユニットに受け渡す．変換というのは簡単な計算であり，後述するが，主に四則演算や指数関数などから構成される．

ニューラルネットワークはパラメータ (parameter) と呼ばれる数値の集合を

持っており，ユニットからユニットにどのように情報が伝わるかはそのパラメータに依存する．次節で述べるように，パラメータを変えることで最終的な出力が変わるので，どのようにパラメータを設定するかがニューラルネットワークにとって重要な課題である．

隠れユニットがいくつかのグループに分かれ，それぞれが層をなして全体を形作っている時，階層的なネットワークと呼ぶ（図 1.3）．この場合，入力層と出力層以外の層を隠れ層（hidden layer，または中間層）と呼ぶ．

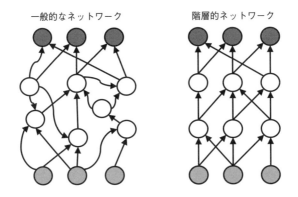

図 1.3 一般的なネットワークではユニットが任意の形で結びつくのに対し，階層的なネットワークではユニットが層に分かれており，同じ層に属するユニットの間では結合がない．

すべての深層学習が階層的なネットワークによって行われるわけではないが，深層学習で最初にブレークスルーが生じたのが階層的なネットワークであった．実際，深層学習が登場するまで，階層的なニューラルネットワークは数層でなければうまく動作しなかった[*2]．それが様々な工夫によって層の数を数百から数千まで増やしても動作させられるようになり，能力が大幅に向上した．この点がそれまでのニューラルネットワークとのひとつの大きな違いであり，階層が多いことを「深い (deep)」と表現しているのが深層学習 (deep learning) という名称の由来である（図 1.4）．

[*2] 具体的には次節で説明するパラメータの学習が難しかった．

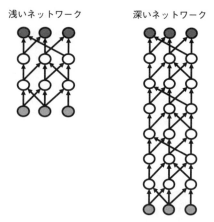

図 1.4 浅いネットワークでは入力層と出力層の間が近いが，深いネットワークでは両者の間に多数の隠れ層が入る．

1.3 学習するとはどういうことか

　人間や動物は経験から学ぶことができる．たとえば子供は語学学校に通わなくても普段の生活から言語を習得できる．大半の人は教習所に通わなくても自転車に乗れるようになる．生物が経験から能力を身につけるように，コンピュータにデータから知識を獲得させ，課題の解決に利用することが**機械学習**の目的である．深層学習は機械学習の一例である．

　人工知能研究が始まった当初，世界に存在する知識をできるだけ多く手動で登録することで高度な知能を実現することが試みられていた．いわば巨大な辞書を作り，それを使って会話や思考が行えるようになるであろうという期待に基づいている．しかしそれが容易ではないことが明らかになるにつれ，生物のように経験から学ぶ方が人工知能の実現に近づけるのではないかという考え方が現れた．ニューラルネットワークはそのような試みのひとつである．

　生物における学習は神経細胞の間で新たな結びつきが生じたり，逆に切れたりすることでも実現されるが，結びつきの強さが変化するだけでも学習が行われることが知られている．これに着想を得て，ニューラルネットワークではユニット間の結合の強さを変化させることで学習が行われる．神経細胞の間の結

びつきの強さは数値で表現できる．実際，二つの神経細胞の間に結合がある時，情報を受け取る側の神経細胞の表面には化学物質のセンサー（受容体）が無数に存在し，その数によって結合の強さが決まる．受容体の数が多い結合では多くの情報が流れ，少ない結合ではあまり流れない．ニューラルネットワークはコンピュータ上のシミュレーションとして実行され，ユニットが現実的な物体として存在するわけではないので，ひとつのユニットから別のユニットへの結合の強さを表す数値をコンピュータのメモリ上で記憶すればよい．

　適切な出力を作り出すために調整される数値をパラメータと呼ぶ．ニューラルネットワークの場合，ユニット間の結合の強さがパラメータである．ユニットAからユニットBへの結合が強い場合，ユニットAの数値の大きさはユニットBの数値の大きさに強い影響を与える．逆に結びつきが弱い場合，ユニットAの数値はユニットBの数値にあまり影響を与えない．ユニットAからユニットBへの結合の強さは結合の重み(weight)と呼ばれる．ニューラルネットワークの学習では大量のデータからいかに適切な重みを学習していくかが目標となる．

　パラメータは数値であるため，それをどのように変化させていくのかという議論は数式を使って行うのがよい．プログラミング言語を使って説明することもできるが，読者によって得意とするプログラミング言語は異なるだろうし，数式で書くより長く冗長になりがちである．そのため深層学習についての論文や書籍では数式を使って説明が行われることがほとんどである．論文を読んで最新の深層学習のプログラムを書こうと思う場合，その数式を理解しなくてはならない．そのため本書では数式を使って深層学習の説明を行う．

1.4　深層学習はなぜうまく行くのか

　深層学習がなぜ効果的であるかについては以下のようにいくつかの説明が行われている．

▶**自由度の高さとデータの増加**　　機械学習の目的は個々の入力に対して

適切な出力を行うような入出力関係を獲得することと定式化できる. 2.2 節で述べるように, 機械学習の手法がどれだけ多様な入出力関係を表せるかを示すのが自由度である. 一般にパラメータの多いモデルは自由度が高い. 深層学習はユニット間の結合の重みそれぞれがパラメータであるため, 機械学習の手法の中でも自由度が高いもののひとつである. しかしそのような手法は 2.3 節で述べるオーバーフィッティングという現象が生じやすい. それを避けるには大規模なデータを使って学習を行う必要があるが, インターネットの普及やセンサーの低価格化によって大量のデータが集められるようになったことは, 深層学習が近年になって急速に発展した要因のひとつである.

▶並列計算の高速化　計算機の中で多数の計算を同時並行的に実行させることを並列計算と呼ぶ. ニューラルネットワークの特徴として, ユニット間の結合の重みがパラメータであるため, それぞれ独立に計算できることが挙げられる. このため並列計算による高速化の恩恵を受けやすい. コンピュータグラフィックス (CG) を駆使したビデオゲームでは画像処理を高速化するため, 並列計算に特化した集積回路である GPU (graphics processing unit) の開発に多くの資源が投入されてきた. それが深層学習に転用され, パフォーマンスの向上に大きく貢献したという経緯がある. 現在でも深層学習には GPU を使用することが一般的である. 高価なグラフィックボードに大金を注ぎ込み, その開発を後押ししてきたゲーマーたちは人工知能を発展させた最大の功労者と言ってもよい.

▶深さの効果　階層的なネットワークにおいて, ひとつの層の活動はデータが持つ潜在的な特徴を表している. 層を重ねるたびにそれらの特徴を組み合わせて新しい特徴が作られるため, 深くなるほど組み合わせによって複雑な特徴を表現できる. これはいわば辞書において抽象的な概念を使ってさらに抽象的な用語を定義するようなものである. 浅いニューラルネットワークは生物における感覚情報の処理に対応している. 物体の輪郭を検出することはできても, それが何を写した画像であるかの判定は難しかった. 一方, 深層学習では画像に何が映っているかの判定のみならず, それが人に与える印象や美的評価の推定も可能になりつつある. これは層の数を増やすことでより抽象的な「深い」概念を表せるようになったとみなせる.

深層学習の爆発的な発展はこれらの複合的な要因から来ていると考えられているが，まだ十分な説明が行われたとは言いがたく，さらなる理論的分析が求められている．また，深層学習があらゆる場面で使えるようになったわけではもちろんない．現在までに深層学習が成功を収めている事例の多くは出力がひとつの数値や分類の場合である．これには複数の選択肢の中から最適なものを選ぶことも含まれる．たとえば画像を分類する，音声を認識する，囲碁で次に打つ手を決めるなどはその例である．一方，ひとつの数値では表せないような構造を持ったデータを出力させることも行われているが，一般には容易でないことが多い．たとえば自然な会話を行う，何も題材がないところから新しい絵を描く，小説を書くといった能力を人工知能に持たせることは，**生成モデル** (generative model) の学習と呼ばれる．本書ではこれについて 8 章で述べる．生成モデルの学習は深層学習の研究におけるフロンティアであり，現在も活発に進められている．現状では深層学習は人間が持つような「想像力」に欠けていると言える．

もうひとつ，深層学習における一般的な課題として，複数のタスクにおいて有効な情報表現の獲得が挙げられる．ひとつのタスクのために学習されたニューラルネットワークを別のタスクに転用することは**転移学習** (transfer learning) と呼ばれ，深層学習においても頻繁に行われるが，すべての状況においてうまくいっている訳ではない．たとえば，人間であれば図を見ることで理解した仕組みを言葉で説明することができるが，深層学習で画像から得られた知識を言語的な知識に変換することは容易でない．これは人間が使うような概念を使ってタスクを解決しているわけではないからである．すなわちニューラルネットワークが人間と同じような判断を下していても，人間が使うような概念を理解できているとは限らない．機械学習において，個々のタスクに限定されない汎用的な意味体系を学習させることは**表現学習** (representation learning または feature learning) と呼ばれるが，これは深層学習においても活発に研究されている．生成モデルの学習や転移学習，表現学習を実現するには深層学習についてのさらなる理論的理解が必要であり，多くの研究者がそれに取り組んでいる．

現在では深層学習を実装したパッケージやライブラリが充実してきているため，使うだけであれば中身の理解は不要かもしれない．しかし実際にはネットワーク構造の設計や最適化アルゴリズムの選択，正則化手法の指定など，細か

な設定が必要になることも多い．その場合，設定できる要素がどのような役割を持っているのか，それらがどのような影響をもたらすのかを知っておくことは役に立つ．本書ではこのような視点から，深層学習に対する基本的な仕組みの理解を目指している．

　次章ではまず，機械学習一般で使われる用語を解説する．

2 機械学習で使う用語

本章では深層学習を含む機械学習で使われる用語を説明する．データから知識を獲得するという意味では統計学が機械学習に先立って存在しており，機械学習は統計学から様々な概念や用語を引き継いでいる．そのためここで紹介する用語の多くは統計学でも使用されるものである．

2.1 機械学習における各種のタスク

▶サンプルと属性　機械学習の目的はひとことで言えば，「多くの例から得た知見をもとに，新しい例に対して適切な判断を下すこと」である．そのため多くの例から構成されるデータ集合が用意される必要がある．データ集合に含まれる個々の例を**サンプル** (sample) または**標本**と呼ぶ．たとえば個人情報のデータ集合であれば，ひとりの個人の氏名・住所・メールアドレスをまとめたものがひとつのサンプルである．購買履歴のデータ集合であれば，1件の購買記録がひとつのサンプルである．画像データ集合であれば，1枚の画像がひとつのサンプルである．

サンプルが持つ個々の情報を**属性** (attribute) または**特徴量** (feature) と呼ぶ．たとえば個人情報のデータであれば，氏名がひとつの属性，住所もひとつの属性，メールアドレスもひとつの属性である．購買履歴のデータ集合であれば，購入者名・商品名・日時・価格などがそれぞれ属性となる．音声データや画像データでは属性の数が膨大になる．音声データであれば，各瞬間の音圧が属性

である．画像データ集合であれば，各ピクセルの色を表す数値がひとつの属性である．

属性でもっとも一般的なのはカテゴリカル属性 (categorical attribute) と数値属性 (numerical attribute) である．カテゴリカル属性とはサンプルがどのグループに属すかを示す属性である．たとえば購入履歴のデータにおいて，購入者名や商品名はサンプルが属すグループを表しており，カテゴリカル属性である．カテゴリカル属性には順序関係が存在しない．たとえば都道府県名において「鳥取県」と「島根県」の間に順序関係はない．一方，数値属性はその名の通り，値が数である属性を指す．

▶教師あり学習と教師なし学習　機械学習のタスクは予測 (prediction) を目的としているか否かの二つに分けられる．予測とは新たな入力に対し，何らかの望ましい関係性を満たす値を出力することである．機械学習では入力から適切な出力を作り出すプログラムを構築することを目的としている．

予測と書くと，未来の現象を予知するような印象を与えるかもしれないが，統計学や機械学習で使った場合は何らかの未知の値を当てようとすることはすべて予測である．たとえば読みにくい手書き文字が何であるかを判定することも予測である．顔写真を入力として，それが誰の顔であるかを出力することも予測である．

予測を目的としないタスクは教師なし学習 (unsupervised learning) と呼ばれる．これは新たな入力に対して出力を作り出すのではなく，手元にあるデータからパターンや知識を発見することが目的になる．言い換えると情報を集約し，簡潔な表現で言い表すことを目的とするタイプの学習である．教師なし学習には代表的なタスクとしてクラスタリング (clustering)，次元削減 (dimensionality reduction)，多様体学習 (manifold learning) などがある．

一方，予測を目的とするタスクのうち，観測された入力に対して予測（出力）がどのようにあるべきかという正解が与えられているものを教師あり学習 (supervised learning) と呼ぶ．もちろん，起こりうるすべての可能な入力に対して正解ラベルが与えられていたとしたら，そもそも学習の必要はない．過去のデータを記憶しておき，それに対応する正解ラベルを出力するようにすればよいだけである．しかし現実には属性が多数存在し，それらの値のすべての組

み合わせが過去のデータで網羅されていることはほとんどない．そのため過去のデータ（学習用のデータ）には存在しなかった入力に対応できるような予測器が必要になる．

新たな入力に対しても適切な出力を行える能力を汎化 (generalization) と呼ぶ．general とは「一般的な」という意味である．学習に使ったデータだけでなく，あらゆるデータに対して一般的に良い予測が行えるようになることが汎化である．これはたとえばバードウォッチャーが何度も鳥を見ることで，新しく現れた鳥であってもその種類が分かるようになることに対応している．

予測する値がカテゴリカル属性であるものを**分類** (classification)，数値であるものを**回帰** (regression) と呼ぶ．本書で主に扱うのはこの二つのタスクである．過去の入力と正しい出力を教師として，新たな入力に対して適切な出力を行えるようにする，というのが教師あり学習という名称の由来である．

予測を目的とするが，過去に観測された入力に対して正解の出力が与えられておらず，どれだけ良いかの指標のみが与えられているというタスクも考えられる．その例としては**強化学習** (reinforcement learning) があり，たとえばロボットに歩行を学ばせるプログラムなどで使われている．人間とは異なる体を持つロボットにおいて「正しい歩き方」を定義することは難しい．つまり正解の出力は存在しない．しかし転ぶことなく，できるだけ前に進むことが望ましいことは明らかである．このためロボットが転ぶまでにどれだけ前に進めたかを指標とし，それを最大化するような足の関節の動かし方を学習させるのに強化学習が使われる．

図 2.1 に機械学習における各種タスクの例をまとめた．

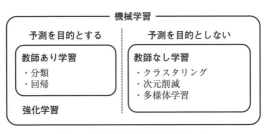

図 **2.1** 機械学習における各種タスク

▶**分類と回帰**　　教師あり学習の目的は新たなデータに対する出力を訓練データ（入力と出力のペア）から学ばせることである．そのためデータを構成する各サンプルについて，属性の値とともに正解の値が与えられている必要がある．i 番目のサンプルについての正解値は $y^{(i)}$ で表される．機械学習は統計学との関連が深いため，その用語を借用し，予測の目的とされる属性（すなわち予測器の出力）を従属変数 (dependent variable)，予測に使用する属性（すなわち予測器への入力）を独立変数 (independent variable) と呼ぶこともある．これは予測器の出力が入力に従属して（依存して）決まるのに対し，入力は他の変数に依存しないと考えられることからきている名称である．

分類タスクの例としては画像認識や音声認識，購買予測などが挙げられる．画像認識は画像に何が映っているかを判定するタスクである．たとえば入力は画像であり，それぞれに対して「犬」「猫」「船」といったカテゴリが出力される．音声認識では人間が会話中に何という音素を発声したのかを予測する．マイクから得られた音声信号が入力であり，音素が出力カテゴリである．オンラインショッピングのサイトにおいて，ユーザがある商品を買ってくれるかどうかを判定するというタスクも分類であり，出力は「買ってくれる」「買ってくれない」という二つのカテゴリになる．分類タスクにおいて従属変数がカテゴリカル属性の時，各カテゴリをクラス (class) と呼ぶ．たとえば画像認識では何が映っているかというカテゴリがクラスである．購買予測では「買ってくれる」と「買ってくれない」がそれぞれクラスである．二つのクラスに分類することを二値分類 (binary classification)，それより多くのクラスに分類することを多値分類 (multinomial classification) と呼ぶ．画像認識は通常は多値分類であり，購買予測は二値分類である．

回帰タスクでは予測されるのが数値，すなわち何らかの量である．自動運転において，カメラから得られた画像に基づきハンドルを切る量を求めるというタスクは回帰タスクとして扱える．たとえば人間の運転でどれだけハンドルを切ったかが正解値であり，それと予測器の出力との差をできるだけ小さくすることが目的である．

サンプルにクラスを割り当てるプログラムを分類器 (classifier) と呼ぶ．一方，回帰を行うプログラムは回帰器 (regressor) と呼ばれる．両者をまとめ，予

測器 (predictor) と呼ぶ．

2.2 モデルとパラメータ

　機械学習のシステムの中で，学習が進むにつれて変更されていく部分をパラメータと呼ぶ．1章で述べたように，深層学習をはじめとするニューラルネットワークの場合，ユニット間の結合の強さ（重み）がパラメータとなる．これに対し，学習によって変更されない部分をモデル (model) と呼ぶ．たとえば階層的なニューラルネットワークにおける層の数やユニットの結びつき方は変わらないため，モデルである．

　予測値と実測値ができるだけ一致するよう，予測器を調整していく過程を訓練 (training) と呼ぶ．通常の学習ではモデルは変更されないので，パラメータのみが調整されることになる．この過程をパラメータ推定 (parameter estimation) あるいはパラメータ最適化 (parameter optimization) と呼ぶ．

　予測は推定とペアになっていると考えると分かりやすい（図 2.2）．教師あり学習ではあらかじめ与えられた訓練データからパラメータを推定する．それを使い，新たな入力に対して予測を行う．パラメータを「仕込んでいく」段階が推定であり，それを使用する段階が予測である．

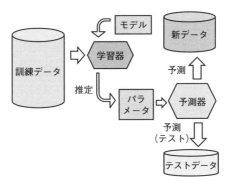

図 2.2　推定と予測

　パラメータを多数持ち，多様な入出力関係を表現できる複雑なモデルは自由

度 (degree of freedom) が高いと言われる．実現すべき入出力関係（たとえば画像という入力に対し，それに映っている内容を出力する）は自由度の低いモデルではそもそも実現できない可能性があるが，自由度の高いモデルではそれが可能である．しかし自由度の高いモデルは調整するべきパラメータの数が多いため，訓練に大量のデータが必要であり，また時間も掛かる．深層学習は多数の層から構成され，それぞれの層が多くのパラメータを持つため，現在使われている機械学習のモデルの中でもっとも自由度の高いもののひとつである．

　教師あり学習では予測値と正解値を一致させることが目的となるため，パラメータ推定にあたっては一致の度合いを測る指標が必要である．どの程度一致していないかを測るのに使用するのが**損失関数** (loss function) である．たとえば回帰の場合，予測値と正解値は数値であるため，その差の絶対値は損失関数になりうる．差の絶対値が大きいほど損失が大きく，予測器として望ましくない．

　ただし訓練時に使う損失関数は最終的な評価基準と必ずしも一致しないでよい．たとえば分類タスクの場合，最終的な評価基準は分類精度であることが多く，どれだけ正確にクラスを予測できたかという割合（パーセント）で表される．これをそのまま学習の基準に使うという手もあるが，パラメータの更新方法が求められない，あるいは計算コストが大きいといった理由によって，損失関数を別に設定することも多い．たとえば次章で述べる勾配降下法を使うためには損失関数はパラメータについて微分可能であることが求められるが，最終的な評価基準が微分可能である，あるいは微分が計算しやすいとは限らない．損失関数はそのような計算上の有益性を鑑み，できるだけ最終的な評価基準を反映するように決定される．

2.3 過去問だけ解けてもダメ

▶**訓練データとテストデータ**　　教師あり学習の目的は新たなデータに対して適切な出力を行えるようにすることである．データを使ってパラメータを推定した後，それによって得られた予測器がどの程度のパフォーマンスを発揮するのかを評価しておかなければ，安心して使うことができない．そこで必要になるのが**テスト** (test) である．

2.3 過去問だけ解けてもダメ

手元にあるデータをすべて訓練に使ってしまうと，未知のデータに対してどれだけのパフォーマンスを発揮できるかの評価が行えなくなってしまう．そこでデータを二つに分けることが行われる．予測器のパラメータを推定（最適化）するのに使用するのが訓練データ (training data) である．一方，訓練を終えた予測器が新たなデータに対して適切な予測が行えているのかを評価するのに使うデータをテストデータ (test data) と呼ぶ．訓練データとテストデータは重なっていてはならない．なぜなら次節で述べるように，訓練データに対するパフォーマンスは過去問を解く能力のようなものであり，新たなデータが来た時の能力を表しているとは限らないからである．

▶ **汎化損失とテスト損失**　パラメータを最適化するのに使ったデータ（訓練データ）に対して予測を行い，損失関数の値を求めたものを**訓練損失** (training loss) と呼ぶ．訓練損失が小さいとは，すでに解いたことのある問題に対して良い成績を収めていることを意味する．しかしこれだけでは新たな入力に対しても適切な予測を行えるとは言えない．過去問だけ解けてもダメなのである．機械学習の目的は新たなデータに対応する能力，すなわち汎化能力を獲得させることである．

新たなデータに対して予測器を使用した時に得られる損失を**汎化損失** (generalization loss) と呼ぶ．しかしこれを実際に求めることは難しい．なぜなら汎化損失とは可能な入力すべてについて，それぞれの入力が生じる確率も考慮して得られる損失の期待値であり，たとえば入力が連続値である場合や，多数の属性の組み合わせである場合，可能なすべての値を網羅することは現実的に不可能である．また，それぞれの入力が起きる確率の分布も未知であることがほとんどである．そのため**テスト損失** (test loss) を使って汎化損失を近似することになる．テスト損失はテストデータに対して得られた損失関数の値である．なお，損失関数としてとくに予測値と正解値の差である**誤差** (error) を使用した場合，**訓練誤差** (training error) と**テスト誤差** (test error) と呼ばれる．

▶ **オーバーフィッティングとアンダーフィッティング**　訓練データに対してはパフォーマンスが高いが（すなわち訓練損失が小さいが），テストデータに対してはパフォーマンスが出ない（テスト損失が小さくならない）状況を**過学習**あるいは**オーバーフィッティング** (overfitting) と呼ぶ．これは予測器が訓練

データにフィットしすぎ，新たなデータに対して柔軟な対応ができず，正しい予測が行えていない状況であると言える．過去問の丸暗記だけしているため，新しい問題にはまったく手が出ず，成績が下がってしまっているようなものである．一方，予測器がそもそも適切でなく（たとえば単純すぎて），訓練損失すら下げられない状況はアンダーフィッティング (underfitting) と呼ぶ．

オーバーフィッティングは複雑なモデル，すなわちパラメータの多いモデルで生じやすい．これは人間に例えると，記憶力が良すぎるために教科書の内容を丸暗記し，期末テストで良い成績を収める学生のようなものである．訓練というのはあくまで訓練データに対して良い成績を得ることが求められている．暗記で良い成績が得られる学生は他の方法を試そうとはしない．暗記した文章や公式を当てはめ，期末テストで良い成績を得ることが正義である．ところがいざ入試の日を迎えると，教科書の内容とは違う問題に四苦八苦である．暗記では通用しないからである．

一方，アンダーフィッティングは単純すぎるモデルであり，これは記憶力がほとんど無い学生に相当する．こういった学生はルールや法則性すら憶えられないので，期末テストでも入試でも成績が良くない．

適度な複雑さを持ったモデルは記憶力がちょうどよい学生に相当する．こういった学生は教科書を丸暗記できないので，授業の内容からルールや法則性を探し，仕組みを理解しようとする．入試で良い成績を収めるのはこういった学生だろう．

オーバーフィッティングが生じた場合，より単純な（すなわちパラメータの少ない）モデル（たとえば層の数が少ないモデル）を使用するか，あるいは正則化という手法により，複雑なモデルにペナルティが掛かるようにする．アンダーフィッティングが生じた場合はより複雑な（すなわちパラメータの多い）モデル（たとえば層の数が多いモデル）を使用する．

機械学習の目的は汎化損失を下げることであり，そのためにはテスト損失が小さくなる手法を選ぶ必要がある．訓練損失を下げることは目的ではない．テスト損失が下がる場合においてのみ，訓練損失を下げることには意味がある．場合によっては訓練損失が大きくなるようなパラメータをあえて選ぶことで，テスト損失を低くするということも行われる．

なお，同一のモデルを使用した場合，データが増えるほどオーバーフィッティングは生じにくくなる．オーバーフィッティングが生じるのはモデルが複雑なため，すなわち多数の入出力関係を表現できるからであり，データが増えるほど，その多様な入出力関係の中から適切なものが選ばれるようになるためである．言い換えればいくら記憶力の良い学生であっても，教科書の内容が膨大であれば自然と法則性を探すようになるということである．一方，単純なモデルでは複雑な法則性を記憶できないので，せっかくのデータ量を活かすことができない．近年，深層学習のような複雑なモデルが高いパフォーマンスを発揮しているのは，1.4 節で述べたように，膨大なデータが学習のために利用できるようになったことが背景にある．

3 深層学習のための数学入門

出版社の人から聞いた話によると，一般向けの科学書は数式がひとつ入るごとに売り上げが大きく下がるのだという．しかし深層学習の基礎を説明するのに数式を使わない訳にもいかないので，この本では大量の数式を使うことにする．

その代わり，数式の読み方については丁寧に説明したい．おそらく数式を敬遠する理由はそれが何を表しているのか分からないと思うからであろう．そこで本書ではひとつひとつの記号や式が何を表しているのか，なるべく前提知識を必要とせずに読めるようにしたい．

3.1 数を並べたものはベクトル

数学では変数を使って数以外のものを表すことが頻繁に行われる．そのもっとも基本的な例は，ひとつの数でなく「数の並び」を表すことである．たとえば 2, 5, 3 という数の並びをひとつの変数で表す．2, 5, 3 のように，有限個の数を並べたものを**数ベクトル** (numeric vector) と呼ぶ．ベクトルと言った場合はもう少し一般的で，数ベクトル以外にもベクトルは存在するのだが，本書では数ベクトルしか扱わないので，以降は数ベクトルを単にベクトルと呼ぶことにする．式 (3.1) のように数を縦に並べて書いた場合は**列ベクトル** (column vector) と呼ばれ，式 (3.2) のように横に並べて書いた場合，**行ベクトル** (row vector) と呼ばれる．どこまでがベクトルに含まれる範囲であるか分かるように，[ ] に入れて書く．以下は列ベクトルを表す c と行ベクトルを表す r を定義する例で

3.1 数を並べたものはベクトル

$$\boldsymbol{c} = \begin{bmatrix} 2 \\ 5 \\ 3 \end{bmatrix} \tag{3.1}$$

$$\boldsymbol{r} = [2, 5, 3] \tag{3.2}$$

本書ではベクトルは太字で表す．列と行，どちらが縦でどちらが横であるか混乱するという場合は，ベクトルという概念は横書きの文化圏で発生したことを思い起こすとよい．横書きなので，行といったら横方向に伸びるものである．また，列は column の訳であり，これは元々はギリシャ神殿にあるような列柱を指している．

横書きの書籍にとって悩ましいことに，より頻繁に使われるのは列ベクトルである．そのため式 (3.1) のように書いていると，余白だらけの本になってしまう．そこで転置 (transpose) という操作を利用する．これはベクトルの右肩に小さな T を付けることで，「ベクトルを倒す，あるいは立てる」操作を表す．T というのは transpose の略である．右肩に T を付けた列ベクトルは行ベクトルになり，右肩に T を付けた行ベクトルは列ベクトルになる．たとえば $\boldsymbol{c} = [2, 5, 3]^T$ のように，行ベクトル $[2, 5, 3]$ を使って列ベクトル $\boldsymbol{c}$ を定義できる．今後，本書では単にベクトルと言った場合，列ベクトルを指すことにする．

ベクトルがいくつの数で構成されるかをそのベクトルの次元 (dimension) と呼ぶ．式 (3.1) の列ベクトル $\boldsymbol{c}$ と式 (3.2) の行ベクトル $\boldsymbol{r}$ はいずれも三つの数から構成されるので，3 次元ベクトルである．ベクトルに含まれる個々の数をベクトルの成分 (component) と呼ぶ．変数を使う場合，たとえばベクトル $\boldsymbol{c}$ の第 1 成分は c_1，第 2 成分は c_2 と表す．成分は単なる数値であるので，ベクトルと違って太字では表さない．式 (3.1) のベクトル $\boldsymbol{c}$ の場合，c_1 の値は 2 であり，c_2 の値は 5 である．変数の右下に書いた番号を下添え字 (subscript) と呼び，変数がベクトルの場合，そのうちのどの成分であるかを表すことが多い．添え字もまた変数で表せる．たとえば c_i と書くと，「$\boldsymbol{c}$ の i 番目の成分」という意味になる．右上に書いた場合は上添え字 (superscript) である．これは指数と紛らわしいため，( ) に入れることが行われる．たとえば $c^{(i)}$ といった具合である．この書き方は本書ではサンプル番号を表すのに多用する．この場合，i

がサンプルを区別するための番号を表す．なお，$\boldsymbol{x}^{(i)}$ と書いた場合，太字が使われているので，ベクトルの成分ではなく「i 番目のベクトル」という意味になることに注意する．

　2 次元ベクトルは平面における位置，3 次元ベクトルは 3 次元空間における位置を表すと考えると，直感的なイメージが働きやすくなることがある．$\boldsymbol{w} = [8, 6, 9]^T$ は三つの数字から構成されるベクトルであるので，3 次元ベクトルである．ゆえに図 3.1 のように 3 次元空間を考える．0 だけを並べたベクトルが表す位置を原点 (origin) と呼ぶ．これもまたベクトルであるので，$\boldsymbol{0}$ のように太字で表す．この図では三つの軸の交点が原点であり，$\boldsymbol{0}$ で表される．ベクトル $\boldsymbol{w}$ は $[8, 6, 9]^T$ であるので，原点から右方向に 8，奥行き方向に 6，上方向に 9，進んだ結果の位置を表すとみなせる．また，原点からその位置に伸びた矢印を表していると捉えてもよい．

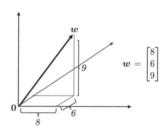

図 3.1　ベクトルの幾何的表現

　なぜ深層学習でベクトルが重要になるかというと，画像でも音声でも，数字の並びで表せるものはすべてベクトルで表してしまうからである．また，ニューラルネットワークの内部で保存される学習の結果（パラメータ）も数の並びであり，ベクトルとして表現される．たとえば画像は 2 次元上にピクセルが並んだものであるが，ニューラルネットワークに与える場合はそれを 1 列に並べたベクトルとして表現する．たとえば縦に 1000，横に 1000 で画素が並んだ画像は 100 万ピクセルであるが，カラー画像であれば光の三原色 (RGB) ごとに 100 万ピクセルなので，合計で 300 万次元のベクトルで表される．このような場合もベクトルは多次元空間における位置とみなせるが，図を使って描くことはできない．しかし空間に由来する「傾き」「勾配」といった用語は使われているの

3.1 数を並べたものはベクトル

で，幾何的なイメージは有効である．

本書では引数がベクトルである関数や，値がベクトルであるような関数も扱う．たとえば $f(x, y, z)$ という関数がある時，$v = [x, y, z]^T$ というベクトルを考えると，同じ関数を $f(v)$ と表すことができる．これが引数をベクトルとして持つ関数である．一方，値がベクトルである関数はベクトル値関数 (vector-valued function) と呼ばれる．たとえば $f_1(x)$, $f_2(x)$, $f_3(x)$ という三つの関数がある時，以下のようにまとめてひとつのベクトル値関数 $\boldsymbol{f}$ を作れる．ベクトル同様，ベクトル値関数は太字で表す．

$$\boldsymbol{f}(x) = \begin{bmatrix} f_1(x) \\ f_2(x) \\ f_3(x) \end{bmatrix} \tag{3.3}$$

2.1 節で述べたように，データ集合における各サンプルは属性の値から構成される．属性の値が数値の場合，それらを並べるとベクトルが作れる．これを**特徴ベクトル** (feature vector) と呼ぶ．たとえば個人情報データにおいて属性が年齢・月収・身長である時，年齢が 30 歳，月収が 20 万円，身長が 160cm である個人は特徴ベクトル $[30, 200000, 160]^T$ で表される．

属性が数値でない時，すなわちカテゴリカル属性の場合，その値はそのままではベクトルの成分として使えない．この場合，カテゴリカル属性が取りうる値の種類だけ次元を持つベクトルで表現する．たとえば「犬」「猫」「船」「飛行機」という四つのカテゴリがある場合，4 次元ベクトルを考え，各次元がひとつのカテゴリに対応するとみなす．この例では犬は 1 次元目，猫は 2 次元目，船は 3 次元目，飛行機は 4 次元目である．そして成分のひとつだけが 1 であり，残りが 0 であるようなベクトルでカテゴリを表現する．すなわちカテゴリに対応する次元だけを 1 にし，それ以外の成分を 0 にする．たとえば「犬」はベクトル $[1, 0, 0, 0]^T$ で表現され，「猫」はベクトル $[0, 1, 0, 0]^T$ で，「船」はベクトル $[0, 0, 1, 0]^T$ で表現される．このような表現手法を **one-hot** 表現 (one-hot representation)，**one-hot** ベクトル (one-hot vector)，あるいは **one-of-K** 表現 (one-of-K representation) と呼ぶ．hot とは「注目されている」といった意味である．

3.2 ベクトルの演算

▶**ベクトルは数値のように足せる**　ベクトルに関して重要なのは，それが数の並びであるのにも関わらず，ひとつの数に対するのと同じように演算（足し算と引き算）が行える点である．ただしすべての演算が行えるわけではないことには注意する．たとえば二つの数を足し合わせられるように，二つのベクトルも足し合わせられる．ベクトルの足し算（和）は対応する位置にある成分同士を足し合わせることで実現される．つまり a の第 1 成分に b の第 1 成分を足したものが $a+b$ の第 1 成分になる．a の第 2 成分に b の第 2 成分を足したものが $a+b$ の第 2 成分になる．下添え字 i を使い，まとめて $(a+b)_i = a_i + b_i$ と書ける．これにより，$a = [9,5,3]^T$ で $b = [2,7,1]^T$ の時，$a+b = [11,12,4]^T$ となる．注意することは，同じ次元のベクトル同士でなければ足し合わせられないことである．ベクトルの引き算は成分ごとに $(a-b)_i = a_i - b_i$ と定義される．

▶**ベクトルの積**　ベクトルの積は和や差のように成分ごとに掛け算を行い，得られた値を並べればよいのだろうか．そのような操作はアダマール積 (Hadamard product) と呼ばれる．ベクトル a と b のアダマール積は $a \odot b$ で表され，その成分は $(a \odot b)_i = a_i b_i$ で定義される．アダマール積は 5.5 節で使われるが，単にベクトルの積といった場合，アダマール積のことを指さないことが多い．本節ではベクトルの積といった時に通常意味される操作について説明する．

x と y が数値であれば，x に y を掛けるのと y に x を掛けるのでは結果は同じである．ところがベクトルの場合，掛ける順序が重要になってくる．ベクトルの積は行ベクトルと列ベクトルに対してのみ求められる．一方，列ベクトルと列ベクトルは掛けられず，また行ベクトルと行ベクトルを掛けることもできない．そこで二つの列ベクトルがある場合，一方を転置してから掛け合わせればよい．たとえば a と b がともに列ベクトルの場合，a を転置した a^T は行ベクトルとなるので，b と掛けることができる．

行ベクトルと列ベクトルの積は（アダマール積と同じように）対応する成分

3.2 ベクトルの演算

同士を掛けた後に，それらの総和を取る．ゆえに結果はベクトルにはならず，ひとつの数になる．列ベクトル a と b の次元を n とすると，その積 $a^T b$ は以下のように書ける．

$$a^T b = a_1 b_1 + a_2 b_2 + ... + a_n b_n \tag{3.4}$$

ベクトルの積は総和を求める記号 $\sum$ を使って表すと簡潔に書ける．$\sum_{i=1}^{n}$ は変数 i を 1 から n までの範囲で動かしてそれに続く部分の値を求め，その総和を求めるという意味である．たとえば以下の式 (3.5) は式 (3.4) と同じ内容を表している．

$$a^T b = \sum_{i=1}^{n} a_i b_i \tag{3.5}$$

たとえば $a = [9, 5, 3]^T$ と $b = [2, 7, 1]^T$ の場合，その積は図 3.2 のように計算される．

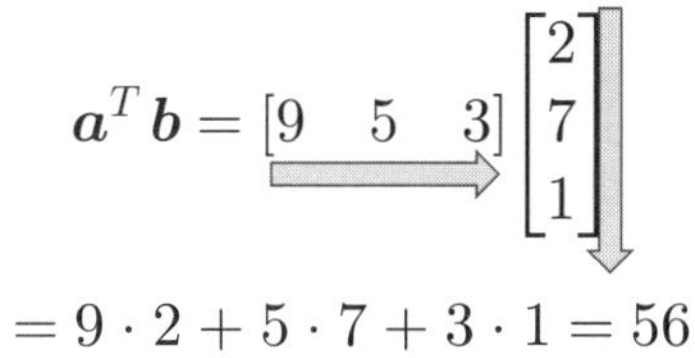

$$a^T b = \begin{bmatrix} 9 & 5 & 3 \end{bmatrix} \begin{bmatrix} 2 \\ 7 \\ 1 \end{bmatrix}$$

$$= 9 \cdot 2 + 5 \cdot 7 + 3 \cdot 1 = 56$$

図 3.2 行ベクトルと列ベクトルの積

総和は英語で sum であるが，その頭文字 s をギリシャ文字の大文字で表すと $\sum$ であることからこの記号が使われている．総和を取るための変数を動かす範囲が自明である時は $\sum_{i=1}^{n}$ を単に $\sum_i$ と書いてしまうことも多い．変数を動かす範囲はたとえばそれが添え字となっているベクトルや行列の次元である．

ベクトルの積で注意するべきはそれを掛ける順序である．行ベクトルと列ベクトルという順序と，列ベクトルと行ベクトルという順序では結果が異なる．後に来るベクトル b の方を転置させた ab^T は数ではなく，後述する行列になる．また，和や差の場合と同様，同じ次元を持つ行ベクトルと列ベクトルでなければ掛け合わせることはできない．

最後にベクトルの間の割り算であるが，これは定義されていない．

3.3 数を縦横に並べたのが行列

数を 1 列あるいは 1 行に並べたベクトルの次は,数を縦方向と横方向の両方に,すなわち複数の列と行にわたって並べたものを考えたくなってくる. そこで使われるのが行列 (matrix) である. 式 (3.6) は 2 行 3 列の行列 A を定義する例である. 本書では行列も太字を使って表す.

$$A = \begin{bmatrix} 3 & 1 & 5 \\ 0 & 2 & 4 \end{bmatrix} \tag{3.6}$$

行列はベクトルのベクトルと見ることもできる. 式 (3.6) は 3 次元の行ベクトルを二つ並べて作られたベクトルと見ることができる. 同様に 2 次元の列ベクトルを三つ並べて作られたベクトルとも見られる. 2 行 3 列の行列は 2×3 行列とも呼ばれる.

行列の構成要素(成分)を表すにはコンマで区切った下添え字を使う. たとえば $A_{2,1}$ は A の 2 行目 1 列目にある成分を指すので,その値は 0 である. 一方,添え字を変数で表した場合はコンマを入れない. 行列 A の第 i 行 j 列の成分は A_{ij} と表す.「行列」という名前に現れている通り,まずは行を下添え字の最初の変数(この場合 i)で指定し,それに続く変数で(この場合 j で)列を指定する. いずれも行が先,列が後である.

行列の和はベクトルの和と同様,同じ位置にある数同士を足せばよい. 差についても同様である.

▶**行列とベクトルの積** 行列の積を考えるには,行列がベクトルを並べたベクトルであることに基づき,ベクトルの積を並べればよい. まずは行列とベクトルの積を考える. 式 (3.6) のように 2 行 3 列からなる行列 A は以下のように二つの 3 次元行ベクトル $A_{1:}$ と $A_{2:}$ を並べたものと解釈できる. ただし $A_{1:} = [3, 1, 5]$,$A_{2:} = [0, 2, 4]$ である. 下添え字の「:」はそこに任意の値が入ることを表している. たとえば $A_{1:}$ は行番号は 1 に固定されているが,列番号は任意の値を取るので,行ベクトルである.

$$A = \begin{bmatrix} A_{1:} \\ A_{2:} \end{bmatrix} \tag{3.7}$$

3.3 数を縦横に並べたのが行列

この行列に列ベクトル v を掛ける場合，v を各行ベクトル $A_{i:}$ に対して掛けた結果を並べればよい．

$$Av = \begin{bmatrix} A_{1:}v \\ A_{2:}v \end{bmatrix} \tag{3.8}$$

$A_{1:}v$ と $A_{2:}v$ はいずれも行ベクトルと列ベクトルの積なので，数値になる．すなわち式 (3.8) の右辺は二つの数の並びなので，列ベクトルとみなせる．つまり行列と列ベクトルの積は列ベクトルになる．ただし注意することは v の次元が $A_{i:}$ の次元と等しくなければならないことである．これは前述したように同じ次元を持つベクトルでなければ掛け算が行えないからである．言い換えると Av が求められるためには v の次元は A の列数と等しくなければならない．

問 **3-1** 以下のように定義される行列 A とベクトル v の積 Av を求めよ．

$$A = \begin{bmatrix} 3 & 1 & 5 \\ 0 & 2 & 4 \end{bmatrix}, \quad v = \begin{bmatrix} 2 \\ 3 \\ 1 \end{bmatrix} \tag{3.9}$$

[解答]

$$Av = \begin{bmatrix} A_{1:}v \\ A_{2:}v \end{bmatrix} = \begin{bmatrix} 3\cdot 2 + 1\cdot 3 + 5\cdot 1 \\ 0\cdot 2 + 2\cdot 3 + 4\cdot 1 \end{bmatrix} = \begin{bmatrix} 14 \\ 10 \end{bmatrix} \tag{3.10}$$

▶ **二つの行列の積**　二つの行列の積を求めるには，右側の行列を列ベクトルに分解した上で，左側の行列と各列ベクトルの積として得られる列ベクトルを横に並べればよい．たとえば式 (3.6) で定義した A とは別に B という行列があるとする．B が 3 行 4 列の行列であるなら，これを 3 次元の列ベクトル $B_{:1}, B_{:2}, B_{:3}, B_{:4}$ を並べて作られる 4 次元の行ベクトルと解釈できる．

$$B = \begin{bmatrix} B_{:1} & B_{:2} & B_{:3} & B_{:4} \end{bmatrix} \tag{3.11}$$

そこで各 $B_{:j}$ について式 (3.8) で定義された行列とベクトルの積を求める．

$$AB_{:j} = \begin{bmatrix} A_{1:}B_{:j} \\ A_{2:}B_{:j} \end{bmatrix} \tag{3.12}$$

これを各 j について行い，結果として得られる列ベクトル $AB_{:j}$ を横に並べ

$$AB = \begin{bmatrix} AB_{:1} & AB_{:2} & AB_{:3} & AB_{:4} \end{bmatrix} = \begin{bmatrix} A_{1:}B_{:1} & A_{1:}B_{:2} & A_{1:}B_{:3} & A_{1:}B_{:4} \\ A_{2:}B_{:1} & A_{2:}B_{:2} & A_{2:}B_{:3} & A_{2:}B_{:4} \end{bmatrix} \tag{3.13}$$

これは AB の (i,j) 成分 $(AB)_{ij}$ は行ベクトル $A_{i:}$ と列ベクトル $B_{:j}$ の積 $A_{i:}B_{:j}$ で表せることを意味している．つまり以下のような簡単な式が得られる．

$$(AB)_{ij} = A_{i:}B_{:j} \tag{3.14}$$

A の列数（つまり行ベクトル $A_{i:}$ の次元）と B の行数（つまり列ベクトル $B_{:j}$ の次元）が r であるとすると，式 (3.5) で使用した総和記号 $\sum$ を使って以下のように書き改められる．

$$(AB)_{ij} = \sum_{k=1}^{r} (A_{i:})_k (B_{:j})_k \tag{3.15}$$

ただし i は 1 から A の行数までの任意の整数，j は 1 から B の列数までの任意の整数を表している．この計算を図 3.3 に示した．

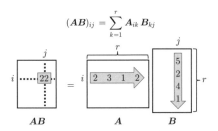

図 3.3 行列の積の成分の計算．A と B の積 AB の第 (i,j) 成分は A の i 行目と B の j 列目を図 3.2 のように行ベクトルと列ベクトルの積として掛けることで求められる $(2\cdot 5+3\cdot 2+1\cdot 4+2\cdot 1=22)$．

$(A_{i:})_k$ は行ベクトル $A_{i:}$ の第 k 成分という意味であるが，$A_{i:}$ は行列 A の第 i 行であるため，$(A_{i:})_k$ は A の (i,k) 成分であり，A_{ik} と表せる．同様に $(B_{:j})_k$ は列ベクトル $B_{j:}$ の第 k 成分という意味であるが，$B_{j:}$ は行列 B の第 j 列であるため，$(B_{j:})_k$ は B の (k,j) 成分であり，B_{kj} と表せる．A については添え字の順序が (i,k)，B については添え字の順序が (k,j) であることに

注意する．これらを式 (3.15) に代入すると以下が得られる．

$$(\boldsymbol{AB})_{ij} = \sum_{k=1}^{r} A_{ik} B_{kj} \tag{3.16}$$

この公式の記憶法として，総和記号 $\sum$ によって動く変数 k は $A_{ik}B_{kj}$ で内側にある添え字であることに注目する．内側にある添え字は足し合わせることで消え，外側にある添え字（この場合 i と j）が残る，というのが行列の積のルールである．また，式から分かるように，行列 $\boldsymbol{A}$ と行列 $\boldsymbol{B}$ を掛け合わせることができるのは $\boldsymbol{A}$ の列数と $\boldsymbol{B}$ の行数が等しい場合のみである．結果として得られる行列 $\boldsymbol{AB}$ の行数は $\boldsymbol{A}$ の行数と等しく，列数は $\boldsymbol{B}$ の列数と等しい．この性質を図 3.4 に示している．図では i は 1 から m までの任意の整数，j は 1 から n までの任意の整数を指している．

行数と列数が等しい行列は正方行列と呼ばれる．各 i について (i,i) 成分のみが 1 であり，残りの成分がすべて 0 であるような正方行列は単位行列 (identity matrix) と呼ばれ，$\boldsymbol{I}$ で表される．なぜ単位行列と呼ばれるかというと，これを同じ次元の正方行列 $\boldsymbol{A}$ に掛けても行列が変わらない，すなわち $\boldsymbol{IA} = \boldsymbol{AI} = \boldsymbol{A}$ となるからである．正方行列と単位行列の例を図 3.5 に示した．

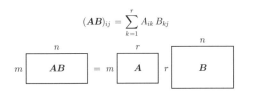

図 3.4 行列同士の積における次元の対応

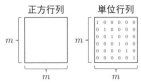

図 3.5 正方行列と単位行列

3.4 スカラー・ベクトル・行列はすべてテンソル

▶ **ピタゴラスの定理とベクトルの長さ** 直角三角形の斜辺の長さを求めるにはピタゴラスの定理が使える．直角に接する辺の長さを x と y，斜辺の長さを d とすると以下の式が成り立つ．

$$d = \sqrt{x^2 + y^2} \tag{3.17}$$

ここでふたたび，ベクトルを3.1節の最後で説明した幾何的な対象（位置や方向）と捉えてみる．任意のベクトル u を考えた時，原点 0 からベクトル u の表す位置までの距離を u のノルム (norm) と呼び，$\|u\|$ で表す．ノルムは幾何的に考えるとベクトルの長さとみなせる．

ピタゴラスの定理を使うとベクトルのノルムを求められる．なぜなら図3.6にあるように，原点 0 を横軸と縦軸の交点とすると，ベクトルの第1成分 u_1 は横方向の距離，第2成分 u_2 は縦方向の距離を表しているため，ピタゴラスの定理により，u のノルム（長さ）は $\sqrt{u_1^2 + u_2^2}$ で求められる．

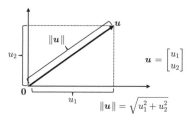

図 3.6 ベクトルのノルムとピタゴラスの定理

u が3次元ベクトルの場合は式 (3.18) のように横方向・縦方向・奥行き方向の三つの距離を二乗し，足し合わせ，平方根を求めればよい．

$$\|u\| = \sqrt{u_1^2 + u_2^2 + u_3^2} \tag{3.18}$$

一般に u が n 次元ベクトルの場合，そのノルムは総和記号 $\sum$ を使って以下のように表せる．

$$\|u\| = \sqrt{\sum_{i=1}^{n} u_i^2} \tag{3.19}$$

$\|u\|$ を求めるのに成分を二乗してから足し合わせるという操作を行っているため，より正確には2-ノルムと呼び，$\|u\|_2$ と書くこともあるのだが，本書では他の種類のノルムは使わないので，2-ノルムを単にノルムと呼び，$\|u\|$ で表す．ノルムは3.2節で述べたベクトルの積を使って以下のようにも求められる．

$$\|u\| = \sqrt{\sum_{i=1}^{n} u_i^2} = \sqrt{\sum_{i=1}^{n} u_i u_i} = \sqrt{u^T u} \tag{3.20}$$

これはつまりノルムを表すのに使用する ‖‖ という記号は積と平方根を使った形に置き換えられることを意味している．なお，ノルムは二乗の総和の平方根として定義されているため，つねに非負（0 より大きいか等しい）である．

▶**スカラー倍と正規化**　ベクトルのように複数の数が並んでいるのではなく，単独で存在する数を（ベクトルとの対比において）**スカラー** (scalar) と呼ぶ．ベクトルの積とは別に，ベクトルにひとつの数（スカラー）を掛けるという操作が存在する．スカラーという名称はそれがベクトルの長さ（スケール）を変える操作に相当することからきている．この操作は**スカラー倍** (scalar multiplication) と呼ばれる．これを行うにはベクトルの成分ごとにスカラーを掛ければよい．s をスカラー，$\boldsymbol{u}$ をベクトルとする時，スカラー倍されたベクトル $s\boldsymbol{u}$ の第 i 成分は $(s\boldsymbol{u})_i = su_i$ と計算される．ベクトル $\boldsymbol{u}$ を $1/\|\boldsymbol{u}\|$ でスカラー倍することを**正規化** (normalization) と呼ぶ．これによって得られるベクトルを $\tilde{\boldsymbol{u}}$ とすると，そのノルム $\|\tilde{\boldsymbol{u}}\|$ は 1 になる．長さが $\|\boldsymbol{u}\|$ であるベクトル $\boldsymbol{u}$ をその長さで割ったので，得られるベクトルの長さが 1 になるのは当然である．

▶**テンソル**　ここまででスカラー，ベクトル，行列という 3 種類の数学的概念について議論した．スカラーは数がひとつだけである．ベクトルは数を縦または横 1 方向に並べたものである．そして行列は数が縦と横の 2 方向に並べたものである．スカラー・ベクトル・行列はいずれも**テンソル** (tensor) と呼ばれる数学的概念の例となっている．

いくつの方向に数を並べるかをテンソルの**階数** (rank) と呼ぶ．スカラーは数が並んでいないので 0 階テンソル，ベクトルは 1 方向に並んでいるので 1 階テンソル，行列は 2 方向に並んでいるので 2 階テンソルである．3 階テンソルは行列を何枚も重ね，縦・横・奥行きの 3 方向に数が並んだものになる．4 階テンソルであれば 3 階テンソルをいくつも並べて書くことで表現できる．たとえば 4 階テンソル $\boldsymbol{T}$ の各成分は四つの添え字を使って，$T_{ijh\ell}$ のように表される．

プログラミング言語では 1 階テンソル（ベクトル）を 1 次元配列，2 階テンソル（行列）を 2 次元配列と呼ぶこともあるので紛らわしいが，数学用語としては次元と階数は別のものであり，数をひとつの方向にいくつ並べるかが次元，何方向に並べるかが階数である．

深層学習では Google によって開発された TensorFlow と呼ばれるフレームワークが広く使われているが，これはテンソルの計算が深層学習において本質的であることを示している．

3.5 微分・勾配・ヤコビ行列

▶**分数と微分**　微分 (differentiation) はその名前に「分」が含まれているように，分数の発展であると考えるとよい．具体的には分数と無限小の概念を組み合わせたものである．分数は割り算を表すため，割り算と無限小を組み合わせたものと考えてもよい．たとえば平均速度は割り算で計算できるが，微分を使うとある瞬間における速度が求められる．直線上を車が移動している状況を考える．車の移動速度は変化していてよい．しかし車は同時に 2 ヶ所に存在することはできないため，時刻 t が決まれば車がどこにいるかは決まる．ゆえに時刻を引数，値を位置とする関数を考えることができる．それを χ で表すと，$\chi(t)$ は時刻 t における車の位置を表している．10 分間での平均速度を求めるには「10 分で進んだ距離」を 10 で割ればよい．たとえば時刻 t に車は位置 $\chi(t)$ にいて，時刻 $t+10$ には位置 $\chi(t+10)$ にいるため，進んだ距離は $\chi(t+10) - \chi(t)$ である．その間の平均速度を求めたければ以下の割り算を行うことになる．

$$\frac{\chi(t+10) - \chi(t)}{10} \tag{3.21}$$

平均速度ではなく瞬間の速度を求めたいとする．これはいわば無限小の時間における平均速度である．そのため 10 分ではなく，できるだけ短い時間で割りたい．1 分, 0.1 分, 0.01 分, 0.001 分……と短くしていくと，真の瞬間速度に近づく．このように小さくしていく時間の長さを Δt で表すと，時刻 t から $t+\Delta t$ までの平均速度を表す以下の式 (3.22) が得られる．なお，Δ（デルタ）は d に対応するギリシャ文字 δ の大文字であり，微小な差 (difference) を表すのに使われる．Δt は「時間 t の微小な差」という意味である．

$$\frac{\chi(t+\Delta t) - \chi(t)}{\Delta t} \tag{3.22}$$

Δt を無限に小さくしていくと，t と $t+\Delta t$ はほぼ同時であるので，これは t という瞬間における速度とみなせる．このようにして得られる値を χ の t に

3.5 微分・勾配・ヤコビ行列

よる微分と呼び，$d\chi/dt$ と書く．Δt を無限に小さくしていくことを lim 記号 (limit の略) を使って表すと，以下になる．

$$\frac{d\chi}{dt} = \lim_{\Delta t \to 0} \frac{\chi(t + \Delta t) - \chi(t)}{\Delta t} \tag{3.23}$$

速度の例では位置と時間を使ったが，高さと水平方向の位置を使うと，微分によって斜面の局所的な傾きを表せる．$h(x)$ を位置 x における高さとする．傾きが大きいとは水平方向の位置変化に対して高さの変化が大きいということである．平均的な傾きを求めたいのであれば，高さの変化を水平方向の距離で割ればよい．水平方向の距離を無限小まで小さくすることで，ある地点での高さの変化，つまり傾きを表せる．これは微分を使うとある地点での局所的な傾きが求められることを意味している．たとえば $dh/dt > 0$ であれば x の正方向に行くほど高くなっており，$dh/dt < 0$ であれば x の正方向に行くほど低くなっていく斜面である．$dh/dt = 0$ であるような地点では傾きがなく，平らである．

本書では多項式，関数の和と積，指数関数，対数関数の微分を使用する．これらについて既知でないという場合は微積分に関する教科書や入門書を参照していただきたい．具体的には以下の公式を使用する．ただし c は x を含まない定数，α と β は x の関数である．e はネイピア数（または自然対数の底）と呼ばれる数で，その値は 2.71828... である．$\exp(x)$ は e^x の意味である．なお，$d\alpha/dx$ を $(d/dx)\alpha$ と書くこともよく行われる．これは「微分を行うという操作」を d/dx で表し，それを α に対して作用させているという見方である [1]．

$$\frac{dc}{dx} = 0, \qquad \frac{d(\alpha\beta)}{dx} = \frac{d\alpha}{dx}\beta + \alpha\frac{d\beta}{dx}$$

$$\frac{dx^m}{dx} = mx^{m-1}, \qquad \frac{d\exp(x)}{dx} = \exp(x)$$

$$\frac{d(\alpha+\beta)}{dx} = \frac{d\alpha}{dx} + \frac{d\beta}{dx}, \qquad \frac{d\log_e(x)}{dx} = \frac{1}{x}$$

▶ **微分を並べたのが勾配**　ここまででベクトルと微分という重要な概念について述べたが，これらを組み合わせて定義されるのが**勾配** (gradient) である．複数の変数を持つ関数（多変数関数）は変数のそれぞれで微分できる．たとえば変数が二つである関数 $f(x, y)$ の場合，f の x での微分と f の y での微分の二

---

[1] d/dx は微分演算子と呼ばれる 1 項演算子である．

つが考えられる．f を x で微分する際，y は固定しているということを明示するため，df/dx でなく $\partial f/\partial x$ と書き，f の x による**偏微分** (partial derivative) と呼ぶ．$\partial f/\partial y$ も同様に定義される．なお，∂ はデルと呼ぶ．

各変数での偏微分を並べて得られる行ベクトルが勾配である．f の勾配は ∇f で表され，以下のように定義される．なお，∇ はナブラと読む．

$$\nabla f = \begin{bmatrix} \frac{\partial f}{\partial x} & \frac{\partial f}{\partial y} \end{bmatrix} \tag{3.24}$$

勾配を行ベクトルでなく列ベクトルで表す書籍も多いが，後述のヤコビ行列を定義する際に便利なため，本書では勾配を行ベクトルと定義する．微分 $\partial f/\partial x$ は x の関数であるため，x の値によって変わってくるが，f 自体が y の値によっても変わるため，$\partial f/\partial x$ は y の関数でもある．つまり勾配 ∇f の成分はそれぞれ以下のような多変数関数である．そのため引数を明示して $\nabla f(x, y)$ と書いてもよい．

$$(\nabla f)_1 = \frac{\partial f}{\partial x}(x, y), \qquad (\nabla f)_2 = \frac{\partial f}{\partial y}(x, y) \tag{3.25}$$

$\partial f/\partial x$ は y を固定したまま x だけを動かした時の変化率を表している．空間で考えると，$\partial f/\partial x$ は x 方向の傾きを表している．同様に $\partial f/\partial y$ は y 方向の傾きを表している．たとえば x 軸が東，y 軸が北を向いていると考えると，$\partial f/\partial x > 0$ の時は f によって表される斜面が地点 $[x, y]$ において東に行くほど高くなっており，$\partial f/\partial x < 0$ の場合は東に行くほど低くなっていることを表している．また，$\partial f/\partial y > 0$ の時は北に行くほど高くなっており，$\partial f/\partial x < 0$ の場合は北に行くほど低くなっていることを表している．もちろん $\partial f/\partial x = 0$ かつ $\partial f/\partial y = 0$，すなわち $\nabla f(x, y) = \mathbf{0}$（右辺は成分がすべて 0 であるベクトルを表す）であればその地点 $[x, y]$ において斜面は平らである．

大量の変数を持った多変数関数の場合，$x, y, z, ...$ と表していくと記号が足りなくなってしまうので，引数をまとめ，ベクトルで表してしまう．たとえば n 個の変数を $v_1, v_2, ..., v_n$ で表し，それらをまとめてベクトル $\boldsymbol{v}$ で表す．それを引数とする関数を g とする時，勾配 ∇g を成分ごとに定義する以下の簡潔な式が得られる．

$$(\nabla g)_i = \frac{\partial g}{\partial v_i} \tag{3.26}$$

∇ は n 個の引数を持つ関数から n 次元ベクトルを作る操作を表している．

3.5 微分・勾配・ヤコビ行列

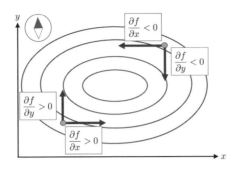

図 3.7 偏微分の例．等高線によって f の大きさを表しており，楕円の中央で f すなわち標高が最大とする．図の上が北，図の右を東とする．右上の点と左下の点から伸びる矢印はいずれも斜面を登る方向を表している．左下の点では $\partial f/\partial x > 0$ であり，これは東に行くほど標高が高くなることを表す．また，$\partial f/\partial y > 0$ であり，これは北に行くほど標高が高くなることを表す．一方，右上の点では $\partial f/\partial x < 0$ であり，西に行くほど標高が高くなる．また，$\partial f/\partial y < 0$ であるため，南に行くほど標高が高くなる．

関数 g の引数が列ベクトル $\boldsymbol{v}$ である時，勾配を $\nabla_{\boldsymbol{v}} g$ と書くこともある．勾配はベクトルであるため，**勾配ベクトル** (gradient vector) と呼ばれることもあるが，本書では単に勾配と呼ぶ．なぜ勾配と呼ばれるかというと，地点 $[x, y]$ における高さを $h(x, y)$ で表した時，h の勾配は地点 $[x, y]$ におけるもっとも傾きが大きい方向を表しているためである．すなわち $\boldsymbol{v} = [x, y]^T$ とすると，$\nabla_{\boldsymbol{v}} h$ の方向に進んだ時に h の増加がもっとも大きい．この証明は比較的容易であるが，本書では省略する．

深層学習でもっとも基本となるのが 5.2 節で説明する**勾配降下法** (gradient descent) によるパラメータの更新である．機械学習では 2.2 節で述べたように，望ましい予測と実際の予測の相違を表す**損失関数**が定義される．パラメータを並べたベクトルを $\boldsymbol{\theta}$ で表す時，それを引数とする損失関数 $J(\boldsymbol{\theta})$ を定義する．J の勾配 $\nabla_{\boldsymbol{\theta}} J$ を利用して $\boldsymbol{\theta}$ の値を動かし，$J(\boldsymbol{\theta})$ が最小値を取る $\boldsymbol{\theta}$ まで持っていくのである．

▶ **勾配を並べたのがヤコビ行列**　　ベクトルを引数とするベクトル値関数 $\boldsymbol{f}(\boldsymbol{v})$ を考える．これを引数ベクトル $\boldsymbol{v}$ で微分することを考える．たとえば $\boldsymbol{f}$ を m 次元のベクトル値関数，$\boldsymbol{v}$ をその引数である n 次元ベクトルとする．$\boldsymbol{f}$ の成分である $f_i(\boldsymbol{v})$ を $\boldsymbol{v}$ で微分すると勾配が得られる．勾配は行ベクトルである

ので，それを i ごとに並べることで行列が得られる．

$$\frac{\partial \boldsymbol{f}}{\partial \boldsymbol{v}} = \boldsymbol{\nabla}_{\boldsymbol{v}} \boldsymbol{f} = \boldsymbol{\nabla}_{\boldsymbol{v}} \begin{bmatrix} f_1 \\ f_2 \\ \vdots \\ f_m \end{bmatrix} = \begin{bmatrix} \boldsymbol{\nabla}_{\boldsymbol{v}} f_1 \\ \boldsymbol{\nabla}_{\boldsymbol{v}} f_2 \\ \vdots \\ \boldsymbol{\nabla}_{\boldsymbol{v}} f_m \end{bmatrix} \tag{3.27}$$

$$= \begin{bmatrix} \partial f_1/\partial v_1 & \partial f_1/\partial v_2 & \ldots & \partial f_1/\partial v_n \\ \partial f_2/\partial v_1 & \partial f_2/\partial v_2 & \ldots & \partial f_2/\partial v_n \\ & & \vdots & \\ \partial f_m/\partial v_1 & \partial f_m/\partial v_2 & \ldots & \partial f_m/\partial v_n \end{bmatrix}$$

このように $(\partial \boldsymbol{f}/\partial \boldsymbol{v})_{ij}$ を成分とする行列をヤコビ行列 (Jacobian matrix) と呼ぶ．本書では f の v による微分で得られるヤコビ行列を $\partial \boldsymbol{f}/\partial \boldsymbol{v}$ で表す．その (i,j) 成分は以下のように定義される．

$$\left(\frac{\partial \boldsymbol{f}}{\partial \boldsymbol{v}}\right)_{ij} = \frac{\partial f_i}{\partial v_j} \tag{3.28}$$

ヤコビ行列はベクトル値関数 $\boldsymbol{f}$ のそれぞれの成分が引数 $\boldsymbol{v}$ のそれぞれの成分の微小な変化によってどれだけの影響を受けるかを表している．これはニューラルネットワークにおいてユニットの出力と正解値の相違度が重みの変化によってどれだけ変わるかを求めるのに使われる．このため 5 章で説明する深層学習のパラメータ更新においてヤコビ行列は重要な役割を果たす．

問 3-2 ベクトル値関数 $\boldsymbol{f}$ が $f_1(\boldsymbol{v}) = v_1^2 - v_2^2$ ならびに $f_2(\boldsymbol{v}) = v_1/v_2$ で定義されている時，ヤコビ行列 $\partial \boldsymbol{f}/\partial \boldsymbol{v}$ を求めよ．

[解答]
$$\frac{\partial \boldsymbol{f}}{\partial \boldsymbol{v}} = \begin{bmatrix} \partial f_1/\partial v_1 & \partial f_1/\partial v_2 \\ \partial f_2/\partial v_1 & \partial f_2/\partial v_2 \end{bmatrix} = \begin{bmatrix} 2v_1 & -2v_2 \\ 1/v_2 & -v_1/v_2^2 \end{bmatrix} \tag{3.29}$$

▶ **微分の連鎖律** 二つの関数を合成することで作られる関数を合成関数と呼ぶ．たとえば f と g を合成して得られる関数を $f \circ g$ と書く．

$$(f \circ g)(x) = f(g(x)) \tag{3.30}$$

3.5 微分・勾配・ヤコビ行列

これは x という変数を関数 g で変換した後、さらに関数 f で変換することを表している。さて、f の微分と g の微分がすでに分かっている時、$f \circ g$ の微分はどのように求めたらよいだろうか。微分が分数によって定義されていることにより、以下のように計算できる。

$$\frac{\partial (f \circ g)}{\partial x} = \frac{\partial f(g(x))}{\partial x} = \frac{\partial f}{\partial g}\frac{\partial g}{\partial x} \tag{3.31}$$

これはたとえば外貨預金（ドル建て）が1年後にどれだけ増えているかを考える時、為替レートによる増加と利子による増加を掛け合わせることに相当する。たとえばドル価格が20%増加し（すなわち $\partial f/\partial g = 1.20$）、利子が年率5%（すなわち $\partial g/\partial x = 1.05$）だった場合、外貨預金の増加率 $\partial (f \circ g)/\partial x$ は $1.20 \times 1.05 = 1.26$ である。なお、$\partial (f \circ g)/\partial x$ を単に $\partial f/\partial x$ と書くことも多い。この場合、以下のように分数の約分のような簡潔な式が得られる。

$$\frac{\partial f}{\partial x} = \frac{\partial f}{\partial g}\frac{\partial g}{\partial x} \tag{3.32}$$

三つ以上の関数を合成して作られる関数の微分も同様に求められる。この場合、三つの微分を掛け合わせる形になる。

$$\frac{\partial f}{\partial x} = \frac{\partial f}{\partial g}\frac{\partial g}{\partial h}\frac{\partial h}{\partial x} \tag{3.33}$$

これが微分のチェーン（連鎖）のように見えるので、式 (3.32) の規則を微分の連鎖律またはチェーンルール (chain rule) と呼ぶ。

> **問 3-3** 以下のように定義される関数 σ の微分を求めよ。また、得られた結果を σ を使って表してみよ。
>
> $$\sigma(x) = \frac{1}{1 + \exp(-x)} \tag{3.34}$$
>
> ヒント　$f(x) = 1/(1 + \exp(-x))$ は $f(g) = 1/g$ と $g(x) = 1 + \exp(-x)$ を合成した関数とみなせる。また、$h(x) = \exp(-x)$ は $h(y) = \exp(y)$ と $y = -x$ を合成した関数とみなせる。

[解答]
$$\frac{d\sigma}{dx} = \frac{-1}{(1+\exp(-x))^2}(-\exp(-x)) = \frac{\exp(-x)}{(1+\exp(-x))^2} \qquad (3.35)$$
$$= \left(\frac{1}{1+\exp(-x)}\right)\left(\frac{\exp(-x)}{1+\exp(-x)}\right) = \sigma(x)(1-\sigma(x))$$

σ はシグモイド関数と呼ばれ，4 章で重要な役割を果たす．

▶ **全微分**　x をスカラー，$\boldsymbol{g}(x)$ をベクトル値関数とし，$\boldsymbol{g}$ を引数とする関数 $f(\boldsymbol{g})$ を考える．これはベクトル $\boldsymbol{g}(x)$ の各成分 $g_i(x)$ が f の各引数になっているとみなせる．f と $\boldsymbol{g}$ を合成して得られる関数を h と定義する．たとえば $\boldsymbol{g}(x)$ が 2 次元ベクトルの場合，以下のようになる．

$$h(x) = (f \circ \boldsymbol{g})(x) = f(g_1(x), g_2(x)) \qquad (3.36)$$

合成関数 h の x による微分はどのように展開できるだろうか．式 (3.23) の微分の定義に従うと，dh/dx は以下のように表せる．

$$\frac{dh}{dx} = \lim_{\Delta x \to 0} \frac{h(x+\Delta x) - h(x)}{\Delta x} \qquad (3.37)$$

式 (3.36) を代入すると，以下が得られる．ただし分子に $-f(g_1(x), g_2(x+\Delta x)) + f(g_1(x), g_2(x+\Delta x)) = 0$ を挿入し，また $\lim$ と加算の順序は交換できることを使った．

$$\begin{aligned}\frac{dh}{dx} &= \lim_{\Delta x \to 0} \frac{f(g_1(x+\Delta x), g_2(x+\Delta x)) - f(g_1(x), g_2(x))}{\Delta x} \\ &= \lim_{\Delta x \to 0} \frac{f(g_1(x+\Delta x), g_2(x+\Delta x)) - f(g_1(x), g_2(x+\Delta x))}{\Delta x} \\ &\quad + \lim_{\Delta x \to 0} \frac{f(g_1(x), g_2(x+\Delta x)) - f(g_1(x), g_2(x))}{\Delta x}\end{aligned} \qquad (3.38)$$

右辺の第 1 項では g_2 の引数が変わらないため，g_2 の値も変化しない．つまり g_2 は定数である．これは g_1 だけを動かして微分しているとみなせる．すなわち $(f \circ g_1)(x)$ という合成関数に対する微分とみなすことができ，前節で述べた連鎖律を使い，$(\partial f/\partial g_1)(dg_1/dx)$ と表せる．右辺の第 2 項では逆に g_1 の値が動いていない．ゆえに $(\partial f/\partial g_2)(dg_2/dx)$ と表せる．これより以下が得られる．

$$\frac{dh}{dx} = \frac{\partial f}{\partial g_1}\frac{dg_1}{dx} + \frac{\partial f}{\partial g_2}\frac{dg_2}{dx} \tag{3.39}$$

$\bm{g}$ が m 次元ベクトル値関数の場合，式 (3.38) の展開が m 個の項から構成されることになり，以下が得られる．ただし式 (3.40) のヤコビ行列の記法を使い，$\nabla_{\bm{g}} h$ を $dh/d\bm{g}$ で表した．また，$d\bm{g}/dx$ は dg_k/dx を並べて得られる列ベクトルである．

$$\frac{dh}{dx} = \sum_{k=1}^{m} \frac{\partial h}{\partial g_k}\frac{dg_k}{dx} = \frac{dh}{d\bm{g}}\frac{d\bm{g}}{dx} \tag{3.40}$$

右辺を $h(x)$ の**全微分** (total derivative) と呼ぶ．これは偏微分との対比で使われる用語である．式 (3.40) は，x を変えた時の h の変化率はその構成要素の変化率を重み付きで足し合わせたものであることを表している．図 3.8 は式 (3.39) のように $\bm{g}$ が 2 次元ベクトルである場合の例を示している．

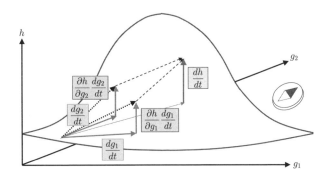

図 **3.8** 全微分の例．h が標高，g_1 が緯度，g_2 が経度，t が時刻とする．関数 h によって表される山を歩いている状況を考える．標高の上昇速度 dh/dt を求めたい．これは緯度方向の斜面の傾き $\partial h/\partial g_1$ に緯度方向の移動速度 dg_1/dt を掛けて得られる緯度方向の上昇速度 $(\partial h/\partial g_1)(dg_1/dt)$，ならびに経度方向の斜面の傾き $\partial h/\partial g_2$ に経度方向の移動速度 dg_2/dt を掛けて得られる経度方向の上昇速度 $(\partial h/\partial g_2)(dg_2/dt)$ を足し合わせることで得られる．

式 (3.24) に示した積の微分の公式 $d(\alpha\beta)/dx = (d\alpha/dx)\beta + \alpha(d\beta/dx)$ は，$g_1 = \alpha$, $g_2 = \beta$, $h = f(g_1, g_2) = g_1 g_2$ と定義して dh/dx を全微分で求めることで導ける．

問 3-4 $h(a,b) = a^2 \exp(b)$, $a(x) = 1/x$, $b(x) = 1-x$ である時，全微分 dh/dx を求めよ．

[解答]
$$\frac{dh}{dx} = \frac{\partial h}{\partial a}\frac{da}{dx} + \frac{\partial h}{\partial b}\frac{db}{dx} \qquad (3.41)$$
$$= (2a\exp(b)) \cdot \left(-\frac{1}{x^2}\right) + a^2\exp(b) \cdot (-1)$$
$$= -\frac{2}{x^3}\exp(1-x) - \frac{\exp(1-x)}{x^2} = -\left(\frac{2}{x}+1\right)\frac{\exp(1-x)}{x^2}$$

h の定義式に x がそのまま現れる場合，g_k の代わりに $I(x) = x$ と定義される関数（恒等関数）を経由しているとして通常の全微分を行えばよい．この時，$dI(x)/dx = dx/dx = 1$ となるため，全微分の結果に $\partial h/\partial x$ という項が入ることになる．たとえば $h = x\ell$ かつ $\ell(x) = \log_e(x)$ の場合，$h(x) = I(x)\ell(x)$ とみなし，以下のように計算できる．

$$\frac{dh}{dx} = \frac{\partial h}{\partial I}\frac{dI(x)}{dx} + \frac{\partial h}{\partial \ell}\frac{d\ell(x)}{dx} \qquad (3.42)$$
$$= \ell \cdot 1 + I(x) \cdot \frac{1}{x} = \log_e(x) + x \cdot \frac{1}{x} = \log_e(x) + 1$$

これを一般的な形で書くと以下になる．ただし $dI(x)/dx = 1$ は省略し，$\partial h/\partial I$ は $\partial h/\partial x$ で置き換えた．

$$\frac{dh}{dx} = \frac{\partial h}{\partial x} + \sum_{k=1}^{m}\frac{\partial h}{\partial g_k}\frac{dg_k}{dx} \qquad (3.43)$$

この式は dh/dx と $\partial h/\partial x$ の違いも示している．dh/dx は x を動かした時，x に依存する g の影響も考慮した h の変化率を表しているのに対し，$\partial h/\partial x$ は他の変数の値（この場合 g）は固定して x のみを動かした時の h の変化率を表している．h と x の間に間接的な（たとえば g を通した）関係が存在しない場合，両者は一致する．また，h の定義式が x を直接含まない時，$\partial h/\partial x = 0$ となり，式 (3.43) は式 (3.40) と一致する．

▶**ヤコビ行列についての連鎖律** 全微分を表す式 (3.40) は h をベクトル値関数に，x をベクトルに拡張できる．w をベクトル値関数，u をベクトルと

する．w の引数がベクトル v であり，v は u を引数とするベクトル値関数であるとする．式 (3.40) の h を w の成分 w_i に，x を u の成分 u_j に置き換えると，以下が得られる．ただしベクトルの各成分が互いに無関係であることから，$dw_i/du_j = \partial w_i/\partial u_j$ になることを使った．

$$\frac{\partial w_i}{\partial u_j} = \sum_{k=1}^{m} \frac{\partial w_i}{\partial v_k}\frac{\partial v_k}{\partial u_j} \tag{3.44}$$

左辺はヤコビ行列 $\partial w/\partial u$ の (i,j) 成分である．右辺の $\partial w_i/\partial v_k$ はヤコビ行列 $\partial w/\partial v$ の (i,k) 成分であり，$\partial v_k/\partial u_j$ はヤコビ行列 $\partial v/\partial u$ の (k,j) 成分である．ゆえに以下のように書き直せる．

$$\left(\frac{\partial w}{\partial u}\right)_{ij} = \sum_{k=1}^{m}\left(\frac{\partial w}{\partial v}\right)_{ik}\left(\frac{\partial v}{\partial u}\right)_{kj} \tag{3.45}$$

これは式 (3.16) の A を $\partial w/\partial v$ に，B を $\partial v/\partial u$ に書き換えたものである．すなわち式 (3.45) は以下のように行列の積としてまとめることができる．

$$\frac{\partial w}{\partial u} = \frac{\partial w}{\partial v}\frac{\partial v}{\partial u} \tag{3.46}$$

この式は連鎖律（式 (3.32)）の一般化であり，ヤコビ行列の連鎖律と呼べる．ニューラルネットワークはベクトル値関数からなる合成関数と見ることができるため，その微分を計算する際に有効である．実際，5 章ではヤコビ行列の連鎖律が多用される．

問 3-5 w, v, u をいずれも **2** 次元ベクトルとする時，$w(v) = [v_1 - v_2, v_1 + v_2]^T$，$v(u) = [\exp(u_1 u_2), \log(u_2/u_1)]^T$ の時，$\partial w/\partial u$ を求めよ．

[解答]

$$\begin{aligned}\frac{\partial w}{\partial v} &= \begin{bmatrix}\frac{\partial w_1}{\partial v_1} & \frac{\partial w_1}{\partial v_2} \\ \frac{\partial w_2}{\partial v_1} & \frac{\partial w_2}{\partial v_2}\end{bmatrix} = \begin{bmatrix}1 & -1 \\ 1 & 1\end{bmatrix} \\ \frac{\partial v}{\partial u} &= \begin{bmatrix}\frac{\partial v_1}{\partial u_1} & \frac{\partial v_1}{\partial u_2} \\ \frac{\partial v_2}{\partial u_1} & \frac{\partial v_2}{\partial u_2}\end{bmatrix} = \begin{bmatrix}u_2\exp(u_1u_2) & u_1\exp(u_1u_2) \\ -\frac{1}{u_1} & \frac{1}{u_2}\end{bmatrix} \\ \frac{\partial w}{\partial u} &= \frac{\partial w}{\partial v}\frac{\partial v}{\partial u} = \begin{bmatrix}u_2\exp(u_1u_2) + \frac{1}{u_1} & u_1\exp(u_1u_2) - \frac{1}{u_2} \\ u_2\exp(u_1u_2) - \frac{1}{u_1} & u_1\exp(u_1u_2) + \frac{1}{u_2}\end{bmatrix}\end{aligned} \tag{3.47}$$

3.6 確率と統計量

▶**確率変数と確率分布**　値が確率的に決まる変数を**確率変数** (stochastic variable) と呼ぶ．たとえば明日の天気や明後日の気温など，確定していない値は確率変数で表せる．また，物理的には確定しているが観測者にとって未知である値，たとえばトランプで相手が持っているカードの種類なども確率変数で表せる．

確率変数が取りうる各値がどれだけの起きやすさで生じるかを並べたものを**確率分布** (probability distribution) と呼び，$p(x)$ で表す．たとえば x が明日の天気を表すとすると，$p(x = 晴れ) = 0.4$ は明日の天気が晴れである確率が 0.4（すなわち 40%）であることを表している．同様に $p(x = 雨) = 0.6$ は明日の天気が雨である確率が 0.6 であることを表している．明日の天気が晴れと雨のいずれかであると（つまり曇りや雪の可能性は考えず，晴れか雨かで分けると），確率分布 $p(x)$ は $[0.4, 0.6]^T$ というベクトルで表せる．確率はすべての可能性について足し合わせると 1 になるという性質がある．これを式で書くと以下のようになる．ただし x が取りうる値を $x_1, x_2, ..., x_m$ としている．

$$\sum_{i=1}^{m} p(x = x_i) = 1 \tag{3.48}$$

x の取りうる値が無限種類ある場合は，$p(x)$ で確率そのものではなく，確率の密度を表す．この場合，p は**確率密度関数** (probability density function, pdf) と呼ばれる．p は x のすべての可能性について積分すると 1 になる．すなわち $\int p(x)dx = 1$ である．

▶**結合確率・周辺確率・条件付き確率**　確率変数が複数ある場合はどのように表現したらよいだろうか．たとえば明日の天気を確率変数 x で，明後日の天気を確率変数 y で表す．x と y の値の組み合わせが生じる確率の分布を $p(x, y)$ で表し，**結合確率** (joint probability，または**同時確率**) と呼ぶ．たとえば明日も明後日も晴れである確率が 0.3 の場合，$p(x = 晴れ, y = 晴れ) = 0.3$ と書ける．天気が晴れと雨のいずれかであるとすると，結合確率分布の全体は図 3.9 のような表で表せる．

3.6 確率と統計量

		明日の天気 x	
		晴	雨
明後日の天気 y	晴	0.3	0.4
	雨	0.1	0.2

図 3.9 結合確率分布の例

x と y の結合分布（すなわち結合確率の分布）が与えられると，x のそれぞれの値がどれだけ起きやすいかの確率も求められる．ここで問題．

> **問 3-6** 図 3.9 で示した結合分布に従って天気が決まるとした時，明後日はどれだけの確率で晴れるだろうか．
>
> ［解答］「明日晴れで明後日晴れ」の確率と「明日雨で明後日晴れ」の確率を足せばよいので，$0.3 + 0.4 = 0.7$．

このように結合分布の特定の確率変数について，そのすべての可能性についての確率を足し合わせることで求められる確率を**周辺確率** (marginal probability) と呼ぶ．y の値が有限種類の場合，周辺確率は以下のように求められる．ただし y が取り得る値は y_1 から y_m までとしている．たとえば天気の例の場合，$m = 2$ であり，y_1 は晴れ，y_2 は雨である．

$$p(x) = \sum_{i=1}^{m} p(x, y = y_i) \tag{3.49}$$

図 3.10 では明日の天気と明後日の天気の結合確率から周辺確率を求める例を示している．右端の列が周辺分布 $p(y)$，下端の行が周辺分布 $p(x)$ である．表を描いた時に周辺にくることから，周辺確率という名前が付いている．

周辺確率は結合確率に対して相対的に定義される概念である．たとえば x, y, z という三つの確率変数がある場合，結合確率として $p(x, y, z)$ が考えられる．ここから z についてすべての可能性を足し合わせることで得られる $p(x, y)$ は

$p(x, y, z)$ の周辺確率である．一方，結合確率 $p(x, y)$ に対しては $p(x)$ と $p(y)$ が周辺確率である．

		明日の天気 x		$p(y)$
		晴	雨	
明後日の天気 y	晴	0.3	0.4	**0.7**
	雨	0.1	0.2	**0.3**
$p(x)$		**0.4**	**0.6**	

図 3.10 周辺確率の例．結合確率 $p(x, y)$ について，最右列が周辺確率 $p(y)$，最下段が周辺確率 $p(x)$ を表している．

最後に，確率変数 x の値に依存して確率変数 y の確率が決まる場合，**条件付き確率** (conditional probability) と呼び，その分布を $p(y|x)$ と書く．x が条件であり，それが y の確率分布を決めている．$p(y|x)$ という書き方は英語での "The probability of y when the condition is x" という順序に対応している．縦棒 "|" は given と読まれたりするが，「〜の時は…」(when) を表していると考えるとよい．たとえば明後日の天気 y は明日の天気 x に依存して決まると考えられるため，明日の天気 x を条件にした確率分布 $p(y|x)$ が考えられる．条件付き確率と同時確率，周辺確率の間には以下の式が成り立つ．

$$p(y|x) = \frac{p(x, y)}{p(x)} \tag{3.50}$$

この理由を図 3.11 に示した．確率は割合によって定義される．条件付き確率 $p(y=b|x=a)$ は $x=a$ となる可能性のうち，$y=b$ でもある可能性が占める割合である．すなわち $p(x=a, y=b)$ が $p(x=a)$ に対して占める割合によって求められる．つまり $p(x=a, y=b)$ を $p(x=a)$ で割ればよい．

条件付き確率 $p(y|x)$ は x から yf への入出力関係を表現しているとみなせる．これは x を決めた時にどのような y が出力されやすいかを表しているためである．このため人間が行う複雑な判断や現実世界で確率性の入ったメカニズムは条件付き確率で表現でき，機械学習において多用される．

3.6 確率と統計量

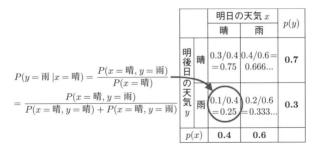

図 **3.11** 条件付き確率の例．明日の天気 x が晴れの時，明後日の天気 y が雨になる確率を求めている．

問 3-7 図 **3.9** で示した結合分布に従って天気が決まるとした時，明日が雨の場合は明後日はどれだけの確率で晴れるだろうか．

[解答] $p(y = 晴 | x = 雨) = p(y = 晴, x = 雨)/p(x = 雨) = 0.4/0.6 = 2/3$．

▶**独立性** 二つの確率変数がある時，それらが無関係であることを示すにはどうしたらいいだろうか．これには**独立性** (independent) という概念が使える．二つの確率変数 x と y の結合分布 $p(x, y)$ と周辺分布 $p(x), p(y)$ が以下の式を満たす時，x と y は独立であるという．

$$p(x, y) = p(x)p(y) \tag{3.51}$$

たとえばサイコロを二つ振る時，「ひとつめのサイコロで出た目」と「二つめのサイコロで出た目」は互いに無関係であると考えられる．ひとつめのサイコロで出た目を x，二つめのサイコロで出た目を y で表すと，たとえばひとつめのサイコロで3の目が出る確率は $p(x = 3) = 1/6$ であり，二つめのサイコロで3の目が出る確率は $p(y = 3) = 1/6$ である．両方のサイコロで3の目が出る確率は $p(x = 3, y = 3) = 1/36$ であるが，これは $p(x = 3, y = 3) = p(x = 3)p(y = 3)$ という式を満たしている．同様に x と y のすべての値の組み合わせに関して式 (3.51) は成り立つので，x と y は独立であることが言える．

▶**期待値** 変数 x が確率分布 $p(x)$ に従う時, x の関数 $f(x)$ の値もまた確率的に変動する. それぞれの値 $f(x)$ にその起こりやすさ $p(x)$ を掛け, 足し合わせることで求められる値を期待値 (expectation) と呼ぶ. 分布 $p(x)$ による $f(x)$ の期待値は $\mathbb{E}_{p(x)}[f(x)]$ で表され, 以下のように積分を使って計算できる.

$$\mathbb{E}_{p(x)}[f(x)] = \int p(x)f(x)dx \quad (3.52)$$

もし x の取りうる値の種類が有限であるなら, 期待値は以下のように総和を表す $\sum$ 記号を使って表せる. ただし $x_1,...,x_m$ は x の取りうる値を表す.

$$\mathbb{E}_{p(x)}[f(x)] = \sum_{i=1}^{m} p(x_i)f(x_i) \quad (3.53)$$

問 3-8 x の分布が $p(x=-2) = 7/8$ ならびに $p(x=3) = 1/8$ に従う時, $f(x) = x^2$ の期待値を求めよ.

[解答]
$$\mathbb{E}_{p(x)}[f(x)] = \sum_{i=1}^{2} p(x_i)x_i^2 = \frac{7}{8}(-2)^2 + \frac{1}{8}(3^2) = \frac{37}{8} \quad (3.54)$$

▶**経験分布** 実際に観測されたデータから得られる頻度割合の分布を経験分布 (empirical distribution) と呼ぶ. これはデータからヒストグラムを作り, その高さが全体に対する割合になるようにしたものと解釈できる. たとえば一日に飲んだビールの量 x について, 1杯が4回, 2杯が5回, 3杯が2回の時, ヒストグラムは高さが $[4,5,2]$ である棒を並べたグラフになる. サンプル数は11であるので高さをそれで割ると, $[4/11, 5/11, 2/11]$ というヒストグラムができる. 経験分布は $p(x=1) = 4/11$, $p(x=2) = 5/11$, $p(x=3) = 2/11$ となる.

▶**経験分布による期待値の推定** 期待値は経験分布を使って推定できる. これについて例を使って説明する. ある屋外イベントについて, 一日の平均期待集客人数を予想したいとする. 集客は天気に依存する. 天気 x の取りうる値が「晴」「雲」「雨」のいずれかであるとして, これらを c_1, c_2, c_3 で表す. 天気が x の時の集客人数を $f(x)$ とする. 天気 x は確率分布 $q(x)$ に従って発生する

とする.たとえば $q(晴) = 1/2$ であれば,1/2 の確率で晴となる.

目的は一日の期待集客人数 $E_{q(x)}[f(x)]$ を推定することである.そこで少し乱暴であるが,過去一週間の天気を表す経験分布 $\hat{q}(x)$ を使い,$E_{\hat{q}(x)}[f(x)]$ で近似する.

$E_{\hat{q}(x)}[f(x)]$ を計算するひとつの方法は一週間のうち,それぞれの天気 c_j が生じた回数だけ $f(c_j)$ を足し,最後に日数で割ることである.たとえば天気が「晴・雲・雲・晴・雨・晴・雨」であったとしたら,晴が 3 日,雲が 2 日,雨が 2 日であるので,晴の場合の集客人数 $f(晴)$ を 3 回,雲の場合の集客人数 $f(雲)$ を 2 回,雨の場合の集客人数 $f(雨)$ を 2 回足し,総和を 7 で割るという計算になる.以下の式で m は天気の種類であり,この場合は $m = 3$ である.

$$E_{\hat{q}(x)}[f(x)] = \sum_{j=1}^{m} \hat{q}(c_j)f(c_j) = \frac{1}{7}(3f(晴) + 2f(雲) + 2f(雨)) \quad (3.55)$$

$E_{\hat{q}(x)}[f(x)]$ を計算するもうひとつの方法は i 日目の天気を $x^{(i)}$ で表し,各 i について集客人数 $f(x^{(i)})$ を足していき,最後に日数で割るという計算である.

$$E_{\hat{q}(x)}[f(x)] = \frac{1}{7}(f(晴)+f(雲)+f(雲)+f(晴)+f(雨)+f(晴)+f(雨)) \quad (3.56)$$

この計算は総和を表す記号 $\sum$ を使い,以下のようにも書ける.ただし n はサンプル数であり,この場合は $n = 7$ である.

$$E_{\hat{q}(x)}[f(x)] = \frac{1}{n}\sum_{i=1}^{n} f(x^{(i)}) \quad (3.57)$$

▶**統計量と標準化** n 個のデータの数値属性の値が $x^{(1)}, x^{(2)}, ..., x^{(n)}$ で表されるとする.平均 (mean) は総和をサンプル数 n で割ったものである.mean の最初の文字である m に対応するギリシャ文字である μ で表されることが多い[*2)].

$$\mu = \frac{1}{n}\sum_{i=1}^{n} x^{(i)} \quad (3.58)$$

分散 (variance) は各サンプルの平均からの差の二乗の総和をサンプル数で

[*2)] 統計学では μ は母分布の平均パラメータを表し,標本平均は $\bar{x}$ で表されることが多いが,機械学習では μ で標本平均を表すことも多いので,ここではそれに倣う.また,母平均と母分散ではなく標本平均と標本分散を平均,分散と呼んでいる.

割ったものである．variance の最初の文字である V で表すことも多い．

$$V = \frac{1}{n}\sum_{i=1}^{n}(x^{(i)} - \mu)^2 \tag{3.59}$$

分散はその名の通り，サンプルが平均のまわりでどれだけ散らばって（分散して）分布しているかを表している．分散が小さければサンプルは平均のまわりに集中し，大きければ広く散らばって存在している．分散は各サンプルから平均を引いてから二乗して足し合わされているが，平均を引く操作を行わない $(1/n)\sum_{i=1}^{n}\left(x^{(i)}\right)^2$ を2次のモーメント (moment) と呼ぶ．分散は平均を中心とするばらつきの大きさであり，2次のモーメントは原点 ($x = 0$) を中心とするばらつきの大きさを表している．一般に m 次のモーメントはサンプルの m 乗の総和をサンプル数で割ったものである．平均は1次のモーメントである．

標準偏差 (standard deviation) は分散の平方根である．standard deviation の最初の文字である s に対応するギリシャ文字 σ で表されることが多い．

$$\sigma = \sqrt{V} \tag{3.60}$$

$V = \sigma^2$ であるので，分散を σ^2 で表すことも多い．標準偏差は分散と違い，その物理的な次元がデータと同じになるため，データ自体と比較しやすいというメリットがある．たとえばデータの次元が長さであれば，分散はそれの二乗の和であるため，面積の次元を持つ．これに対して標準偏差の次元は長さである．ゆえにたとえば二つのサンプルが標準偏差の大きさと比較してどれだけ離れているのかといった評価が可能になる．平均や分散，標準偏差のようにデータ全体の統計的な特徴を表す数値は**統計量** (statistic) と呼ばれる．

標準化 (standardization) とはサンプルからその平均を引き，標準偏差で割る変換である．たとえばデータ $x^{(i)}$ に対する標準化は以下のように行われる．ただし μ と σ はデータ集合全体から得られた平均と標準偏差である．

$$\hat{x}^{(i)} = \frac{x^{(i)} - \mu}{\sigma} \tag{3.61}$$

標準化を行われたサンプルはそれが他のサンプルと比べて平均からどれだけ離れているのかが直感的に把握できるようになる．各サンプルに対して標準化を行うと，変換後のデータ集合の平均は0，標準偏差は1になる．一方，ベク

トル u を正規化するにはその長さを 1 にするため，ノルム $\|u\| = \sqrt{\sum_i u_i^2}$ で割る．平均が 0 の場合，標準偏差は二乗和の平方根であり，$\sqrt{\sum_i (x^{(i)})^2}$ と表せるため，各サンプルを並べて得られるベクトル x のノルム $\|x\|$ に相当する．ゆえにベクトルの成分の平均が 0 の場合，標準化は正規化でもある．

3.7　クロスエントロピーと KL ダイバージェンス

▶**情報量**　機械学習ではデータから有益な情報を獲得することが目的とされる．これは情報に関する技術と言えるため，その発展には情報に関する理論が必要である．理論を構築する上で，対象を測る「ものさし」を定義することは重要である．科学の発展の上で正確な測定が果たした役割は計り知れない．では情報の量はどう測ったらいいだろうか．

ここではまず，出来事（または**事象** (event)）の発生が持つ情報の量を測ることにする．「10 月に雪が降った」という出来事と「2 月に雪が降った」という出来事ではどちらがニュースになりやすいと考えられるだろうか．おそらく多くの人が「10 月に雪が降った」の方であると答えるだろう．

別の例も考えてみる．「日本代表がワールドカップで優勝した」という出来事と「ドイツ代表がワールドカップで優勝した」という出来事ではどちらがニュースとしての扱いが大きいだろうか．ドイツ代表の人には残念なことだが，多くの人にとっては「日本代表が優勝した」ではないだろうか．その理由は何であるかと考えてみると，日本代表の優勝のようにあまり起こらない出来事ほど情報として重視されるからであろう．実際，ドイツ代表は頻繁に優勝しているのに対し，日本代表はまだ優勝していない．そこでニュース性の高さは情報の多さを反映していると解釈する．言い換えると「起こりにくい出来事ほど多くの情報を持っている」と定式化する．これを「情報量の満たすべき性質 1」と呼ぶことにする．

出来事の起きやすさは確率で表せるため，x という出来事の持つ情報量は x が発生する確率 $p(x)$ から決まると考えられる．もちろん，$p(x)$ そのものが情報量ではなく，それを引数とする関数を考え，その値が情報量になる．言い換え

ば出来事 x の情報を測るための関数 $\mathcal{I}$ が存在する場合，x の情報量は $\mathcal{I}(p(x))$ と書くことができることを意味する．

それでは「情報量の満たすべき性質 1」より，$\mathcal{I}(p(x)) = 1/p(x)$ と定義するのがよいだろうか．あるいは $\mathcal{I}(p(x)) = 1/p(x)^2$ の方が良いだろうか．無数の候補の中から絞り込めるよう，情報量の満たすべき性質をもうひとつ考えなくてはならない．それは「確率的に独立な二つの出来事が持つ情報量は，それぞれの出来事が持つ情報量の和として表される」という性質であり，これを「情報量の満たすべき性質 2」と呼ぶことにする．これがどういう意味であるかを説明する．

「10 月に雪が降った」という出来事 x が確率 $p(x)$ で発生し，「企業業績が好調」という出来事 y が確率 $p(y)$ で発生するとする．この二つの出来事の起きる確率が独立である時，両者を知った時の情報量はそれぞれの出来事を知った時の情報量の和で表せるべきではないだろうか．もちろん，二つの出来事が独立でない場合は，その性質を満たさなくてよい．たとえば「企業業績が好調」というニュースを知った後では「株価が上昇」というニュースはあまり驚きをもたらさないだろう．つまり独立でない二つの出来事の両方を知ることの情報量は，二つの出来事それぞれが持つ情報量の和よりも少ない．

二つの出来事 x と y がともに生じる確率は結合確率を使い，$p(x,y)$ で表せる．ゆえに x と y の両方を知ることの情報量は $\mathcal{I}(p(x,y))$ と表せる．3.6 節で述べたように，二つの確率変数が独立である場合，$p(x)p(y) = p(x,y)$ が成り立つので，「情報量の満たすべき性質 2」は以下のように書ける．

$$\mathcal{I}(p(x)p(y)) = \mathcal{I}(p(x)) + \mathcal{I}(p(y)) \tag{3.62}$$

これを満たす $\mathcal{I}$ はどのような関数だろうか．$p(x)$ を a で，$p(y)$ を b で表すと，以下になる．

$$\mathcal{I}(ab) = \mathcal{I}(a) + \mathcal{I}(b) \tag{3.63}$$

候補のひとつは対数関数 log である．実際，以下が言える．ただし対数の底は任意である．

$$\log(ab) = \log(a) + \log(b) \tag{3.64}$$

しかし $\log p(x)$ で $\mathcal{I}(p(x))$ を定義すると，起こりやすい出来事ほど多くの情

3.7 クロスエントロピーと KL ダイバージェンス

報を持っているという意味になってしまう．性質 1「起きにくい出来事ほど情報が多い」を満たすため，$p(x)$ が小さいほど $\mathcal{I}(p(x))$ が大きくなるようにしたい．このため -1 を掛けて，以下のように定義するのが良い．

$$\mathcal{I}(p(x)) = -\log p(x) \tag{3.65}$$

これで x から情報量を求める式が定まった．$-\log p(x)$ を x の情報量 (information) と呼ぶ．log の底の選び方は任意である．これは底の変換公式 $\log_a p(x) = \log_b p(x)/\log_b a$ により，底の変化は情報量を定数倍するだけだからである．すなわち底を変えることは長さをメートルで測るかフィートで測るかの違いに相当する．2 を底とした時，情報量はビット (bit) を単位として測られる．$-\log_2 p(x) = 1$ の時，言い換えれば x が生じる確率が $1/2$ である時，x は 1 bit の情報量を持つ．自然対数 (natural logarithm) を使った場合，ナット (nat) が単位となる．たとえば $-\log_e p(x) = 1$ の時，言い換えれば x が生じる確率が $1/e$ の時，x は 1 nat の情報量を持つ．

問 3-9 確実に起きる出来事の情報量はどうなるだろうか．

[解答] 確実に起きる出来事 x の生じる確率は $p(x) = 1$ である．ゆえに情報量は $-\log p(x) = 0$ になる．実際，確実に起きる出来事を知っても何の情報を得たことにもならないので，これが 0 となるのは情報量を $-\log p(x)$ で定義することが望ましいことを示している．

▶ **エントロピー** ここでは出来事は確率的に生じるとしているので，情報量 $-\log p(x)$ も確率的に決まる．そのため複数の分布の間で情報量の比較を行うために期待値を使うのが便利である．分布 p による情報量の期待値をエントロピー (entropy) と呼び，$H(p)$ で表す．

$$H(p) = E_{p(x)}[-\log p(x)] = -\int p(x) \log p(x) dx \tag{3.66}$$

$p(x) = 0$ の時，$\log p(x) = \log 0$ が定義されないという問題があるが，その場合は $p(x) \log p(x) = 0$ と定義する．エントロピーは非負であることが示せ

る*3).

▶**符号化**　出来事が繰り返し生じるとすると，そのたびにその出来事を指す名前やIDを使ってニュースアーカイブに記録することになる．また，出来事の発生を通信するためにも名前やIDを付けるのは有効である．そこで個々の出来事にどのようなラベルを付けたらよいかを考える．

名前やIDならアルファベットや数字の並びが使われるが，電子的に保存することを考えると，ラベルは0と1の並びで表すのが良さそうである．そこでラベル付けに使用される記号は0と1ということにする．すなわち個々の出来事に01, 001, 110というようなラベルを付けていく．ラベルは符号，ラベルを付けることは符号化(encoding)と呼ばれる．符号の系列から出来事の系列を復元することを復号と呼ぶ．また，ラベルの長さを符号長と呼ぶ．たとえば001という符号の符号長は3である．

ラベルが区切り文字を入れずに並べられていても一意に復号できる時，分割可能符号と呼ぶ．たとえば出来事aに001，出来事bに01，出来事cに0という符号を付けてしまうと，001という系列がaなのかcbなのか区別できない．よってこのような符号化は分割可能符号ではない．一方，aに0，bに10，cに11という符合であれば，一意に復号できる．分割可能符号は区切り文字を入れなくてよいため，符号化の効率が良い．また，区切り文字をどう扱うかという問題を避けられるため，理論的解析では分割可能符号が使われるのが一般的である．

符号化の目標のひとつは符号長の期待値を短くすることである．出来事は多数存在する一方，記号の数は限られているため，いくつかの出来事は長い記号列を符号として使わなくてはならない．各出来事の起きる確率は分かっているとした時，符号長の期待値が計算できる．それを短くするにはどのように符号

---

*3) xが離散値の時はその各値について$p(x) \log p(x) \leq 0$となることより自明である．xが実数値として，$p(x)$を確率密度関数とする．ある微小な領域Δxにおいて$p(x)$が一定であるとする．領域Δxの大きさを$\|\Delta x\|$で表すと，$p(x)\|\Delta x\|$は確率であるため，$p(x)\Delta x \leq 1$である．ゆえに対数の性質により$-\int_{\Delta x} \log p(x) dx = -\log(p(x)\Delta x) \geq 0$となる．エントロピー$H(p)$は多数の微小領域で$x$の定義域全体を分割した時の$-\int_{\Delta x} p(x) \log p(x) dx$の総和の極限である．非負の値の総和の極限であるので，非負である．厳密な証明には測度論を用いた議論が必要である．

の割り当てを行ったらよいだろうか.

ひとつのアイデアとして,よく起きる出来事には短い符号,あまり起きない出来事には長い符号を付けるという方式が考えられる.言い換えれば情報量の小さい出来事には短い符号,情報量の大きい出来事には長い符号を割り当てるということである.これによってニュースの保存スペースが節約でき,通信する時にも効率が良さそうである.

さて,情報量を $-\log p(x)$ で測ることにしたのだから,それを基準にして x の符号長を決めるのが良いのではないだろうか.問題は符号長は整数でなくてはならないのに対し,対数の値は一般には実数であることである.そのため対数を切り上げる必要がある.実数 y を切り上げて得られる整数を $\lceil y \rceil$ で表す.たとえば $\lceil 3.2 \rceil = 4$ である.

▶ **シャノン符号化**　各出来事にその情報量を切り上げた値を符号長とする符号を割り当てることをシャノン符号化 (Shannon coding) と呼ぶ.たとえば $p(x=a)=1/5, p(x=b)=3/5, p(x=c)=1/5$ の時,$\lceil -\log(1/5) \rceil = 3$ で $\lceil -\log(3/5) \rceil = 1$ であるので,a に 001, b に 1, c に 010 を割り当てるのはシャノン符号化の例である.

シャノン符号化の期待符号長は $E_{p(x)}[\lceil -\log p(x) \rceil] = \int p(x) \lceil -\log p(x) \rceil dx$ であるが,もしすべての出来事の情報量が整数である場合,$\lceil -\log p(x) \rceil = -\log p(x)$ となり,シャノン符号化の期待符号長はエントロピー $H(p) = -\int p(x) \log p(x) dx$ と一致する.証明は本書では省略するが,エントロピーは分割可能符号による期待符号長の下限になることが示せる [*4).下限とはそれ以上低くできない限界という意味である.

すなわちもしすべての出来事の情報量が整数である場合,シャノン符号長は期待符号長を最短にする分割可能符号化である.もちろん,すべての出来事の情報量が整数となる分布は限られている.そのような分布の例としては,たとえば対数の底が 2 の場合,$p(x)$ がすべて $1/2^n$ の形である分布が挙げられる.そのような場合,シャノン符号化は知識のもっとも簡潔な表現となっていると

[*4)] 興味のある読者は符号理論の教科書を参照されたい.証明は比較的容易である.なお,エントロピー $H(p)$ は対数を使って定義されるので,その値は底が何であるかに依存する.底を K とした時のエントロピーは K 個の記号を使った分割可能符号による期待符号長の下限になる.

言える．

> **問 3-10** 実際には分布 $q(x)$ で出来事が発生しているのに，それとは異なる分布 $p(x)$ に従って符号長を決める形で符号化を行った場合の期待符号長を求めよ．
>
> [解答]
> $$E_{q(x)}[-\log p(x)] = -\int q(x)\log p(x)dx \qquad (3.67)$$

この値をクロスエントロピー (cross entropy) と呼び，$H(q,p)$ で表す．

$$H(q,p) = -\int q(x)\log p(x)dx \qquad (3.68)$$

クロスエントロピーという名称は二つの分布 q と p をクロスさせた（交じり合わせた）エントロピーというところから来ている．情報量の切り上げが不要な場合，シャノン符号化が最短の期待符号長を持ち，クロスエントロピーはそれとは異なる符号化による期待符号長であるとすれば，クロスエントロピーはエントロピーより大きそうである．実際，クロスエントロピーはエントロピーより大きいか等しいことをのちほど示す．それには両者の差である KL ダイバージェンスという値を定義し，それが非負であることを使う．

クロスエントロピーの値が何らかの確率変数 c に従って決まる時，本書ではそれを条件付きクロスエントロピーと呼び，$H(q,p|c)$ で表す．

▶**KL ダイバージェンス**　　クロスエントロピー $H(q,p)$ とエントロピー $H(p)$ の差を **KL ダイバージェンス**（カルバック・ライブラー情報量，Kullback-Leibler divergence）と呼び，$D(q||p)$ で表す．q と p の間には縦棒を二つ入れるのが慣例である．これは縦棒ひとつでは条件付き確率と紛らわしいためである．

$$\begin{aligned}D(q||p) &= H(q,p) - H(q) \qquad (3.69)\\ &= -\int q(x)\log p(x)dx + \int q(x)\log q(x)dx\\ &= \int q(x)(\log q(x) - \log p(x))dx = \int q(x)\log\frac{q(x)}{p(x)}dx\end{aligned}$$

式変形には分数の対数に関する公式 $\log(a/b) = \log(a) - \log(b)$ を使った．なお，$q(x)$ と $p(x)$ は条件付き確率でもよい．すなわち $q(x|y)$ や $p(x|y)$ でもよい．

KL ダイバージェンスが非負（すなわち 0 以上）となることを示すため，まずは以下の不等式を示す．

問 3-11 $\alpha \geq 0$ の時，以下の不等式を証明せよ．
$$\alpha - 1 \geq \log(\alpha) \tag{3.70}$$

ヒント　右辺を左辺に移項し，微分して増減表を書く．

[解答]　$d(\alpha - 1 - \log(\alpha))/d\alpha = 1 - (1/\alpha) = 0$ となるのは $\alpha = 1$ の場合のみであり，その時 $\alpha - 1 - \log(\alpha) = 0$ となる．$\alpha = 1$ では $d(1 - (1/\alpha))/d\alpha = 1/\alpha^2 > 0$ であるので，これは最小値である．ゆえに $\alpha - 1 - \log(\alpha) \geq 0$ が言える．

不等式 $-\log(\alpha) \geq -(\alpha - 1)$，ならびに確率分布はすべての可能性に対して足し合わせると（つまり積分すると）1 になるという性質（$\int p(x)dx = 1$）を使うと，KL ダイバージェンスの非負性が示せる．

$$D(q||p) = \int q(x) \log \frac{q(x)}{p(x)} dx = -\int q(x) \log \frac{p(x)}{q(x)} dx \tag{3.71}$$
$$\geq -\int q(x) \left(\frac{p(x)}{q(x)} - 1 \right) dx = -\int (p(x) - q(x)) dx$$
$$= -\int p(x) dx + \int q(x) dx = 0$$

式 (3.69) と $D(q||p) \geq 0$ より，クロスエントロピー $H(q,p)$ はエントロピー $H(q)$ より大きいか等しいということが言える．これは真の分布 q に基づいて出来事の系列を符号化すると，もっとも効率よく情報を蓄え，伝達できることを示している．すなわち真の分布 q を知ることは最適な知識表現を求めることと結びついている．一方，KL ダイバージェンスは表現方式の違いによる符号長の差，すなわち知識表現の冗長性の差を表していると言える．このため統計学や機械学習では確率分布の間の相違度として KL ダイバージェンスを使うこ

とが多い．

　機械学習の確率的な定式化では現実のプロセスと予測モデルがともに確率分布を使って表現される．データの背後に存在する現実の入出力関係を確率分布 q で表し，それを予測するシステム（たとえば学習後のニューラルネットワーク）を確率分布 p で表したとすると，$D(q||p)$ は予測モデル p による符号化と現実の仕組み q を知った時の理想の符号化の効率性の差である．符号化は知識の表現方式とも言える．KL ダイバージェンスは知識の表現方式の効率性に基づいて予測モデルと現実を比較しているのであって，それは知識獲得の手段である機械学習にとってふさわしい尺度と言えないだろうか．

　二つの確率分布 p と q が完全に一致する時，KL ダイバージェンス $D(q||p)$ は 0 となり，異なれば異なるほど大きくなっていく．これは相違度として望ましい性質である．なぜなら相違度を測りたい二つの対象が完全に一致している時，それ以上相違度を下げることはできない．すなわち $A = B$ の時，A と B をそれ以上似させることはできない．つまり二つの対象が同一の時，相違度は最小である．一方，異なるということに限界はないので，相違度はいくらでも大きくなれる．

　KL ダイバージェンスは分布の間の距離のようなものと言いたくなるが，厳密には距離ではない．それは $D(q||p)$ と $D(p||q)$ の値が異なるためである．距離の場合，p から q までの距離と q から p までの距離は一致するが，KL ダイバージェンスはその性質を満たさないのである．

　KL ダイバージェンスで確率分布間の相違度を測るという考え方は深遠であり，機械学習の情報理論や符号化理論における位置づけという大きな枠組みの中で現在も活発に研究が進められている．機械学習を統計学で使用される最尤法やベイズ統計に基づいて説明することは広く行われているが，本書では KL ダイバージェンスやクロスエントロピーに基づいて説明を行う．

章 末 問 題

　ここではベクトルと微分，確率に関する基本的な計算を行う．これらは深層学習において頻繁に利用される操作となる．

3-1　ベクトル $a = [2, 4]^T$ と $b = [3, 5]^T$ の積 ab^T を求めよ．

3-2　$u = [4, 3]^T$ を正規化したベクトル $\hat{u} = u/\|u\|$ を求めよ．

3-3　ピザホットではピザの直径が 1 cm 増えるごとに値段が 100 円増える．最小のピザは 10 cm である．ピザの価値は面積で決まるとして，値段の増加に伴う価値の増加率は大きいピザと小さいピザでどちらが大きいか．合成関数の微分に基づいて議論せよ．

3-4　$w = [v_2, -v_1]^T$ ならびに $v = [(u_1)^2, (u_2)^3]^T$ の時，ヤコビ行列 $\partial w/\partial u$ を求めよ．

3-5　パーティーに n 人来た場合，ケーキを n 人で切り分けることになる．過去 6 回のパーティーの参加者数が $[5, 4, 4, 2, 5, 2]$ であったという経験分布 $\tilde{q}$ に基づき，次回のパーティーで自分がケーキのどれだけの割合を食べられるかの期待値を求めよ．

3-6　データを表すベクトル $x = [3, 0, -1, 2]$ の各成分について，標準化を行って得られる $\hat{x}_i = (x_i - \mu)/\sigma$ を求めよ．

3-7　確率分布が $p = [1/2, 1/4, 0, 1/4]$ である時のエントロピー $H(p)$ をビットで求めよ．

4 ニューラルネットワークはどのような構造をしているか

深層学習はニューラルネットワークの一種であるため，本節ではニューラルネットワークの基本的な構造を説明する．また，深層学習において性能を大きく向上させることに貢献したと考えられている工夫，すなわち損失関数としてのクロスエントロピーや隠れユニットでの ReLU の使用についても紹介したい．

4.1　線形分類器は直線でデータを分類する

2章で述べたように，分類とは各サンプルをクラスに振り分けるタスクである．分類器のうち，もっとも簡単なものが線形分類器 (linear classifier) である．ニューラルネットワークは線形分類器を発展させることで作られてきたため，まずは線形分類器について説明する．

例として，授業において各受講生の合格・不合格を決めるプロセスを考える．ある大学において行われている「データ構造とアルゴリズム」という授業において，合格者と不合格者（単位をもらえる学生ともらえない学生）を決める状況を考える．評価項目はテスト・レポート・プレゼンテーション・欠席数の四つである．学生はテストを受け，レポートを提出し，自ら調べた内容についてプレゼンテーションを行う，という三つの課題をこなさなくてはならない．また，欠席数に応じて減点が行われる．

2章で述べた機械学習の用語を使うと，テスト成績・レポート成績・プレゼン成績・欠席数の四つが属性である．属性の値はすべて数値であるので，並べ

4.1 線形分類器は直線でデータを分類する

ることでベクトルになる．すなわちテスト成績を x_1, レポート成績を x_2, プレゼン成績を x_3, 欠席数を x_4 で表すとして，評価項目全体の結果は $\boldsymbol{x}$ という4次元の特徴ベクトルで表せる．

合否判定のひとつの方法として，テスト成績・レポート成績・プレゼン成績を足し合わせ，そこから欠席数に応じた減点を行い，それが合格点を超えた場合に合格，という基準が考えられる．しかし学生がテスト・レポート・プレゼンテーションのそれぞれに費やした時間を考えると，均等な重み付けは望ましくないのではないか．学生としても，テストの方がより公平ということで，重視してもらいたいのではないか．そこでたとえばテスト成績は 1/2, レポート成績が 1/4, プレゼン成績が 1/4 といった割り当てが考えられる．さらに，1回の欠席につき 5 点引いたものを最終得点とする．

このような計算はそれぞれの項目の得点に重みを掛けた上で足し合わせていると捉えられる．それぞれの成績に対して掛けられる数を重みと呼ぶ．この例の場合，テスト成績に対する重みは 1/2, レポート成績とプレゼン成績に対する重みは 1/4 である．注意することは，重みは負でもよいことである．たとえば欠席点への重みは −5 である．今回は重みが四つあるため，これも 4 次元ベクトルで表せる．それを $\boldsymbol{w}$ とすると，テストへの重みは w_1, レポートへの重みは w_2 といった具合になるため，最終得点は以下のように求まる．

$$w_1x_1 + w_2x_2 + w_3x_3 + w_4x_4 = \sum_{i=1}^{4} w_ix_i \tag{4.1}$$

このような式を**線形結合**（linear combination，または**一次結合**）と呼ぶ．これは $\boldsymbol{x}$ について一次式（二乗や三乗以上がない式）になっているためである．一次式は直線や平面を表す．線形分類器という名称もそこから来ている．しかし式 (4.1) はまさしく 3.1 節で述べたベクトルの積の形でもある．

式 (4.1) をベクトルの積を使って表すと，$\boldsymbol{w}^T\boldsymbol{x}$ という簡単な形で書ける．合格するための最低点を w_0 で表すと，合格できるのは以下の不等式を満たす成績ベクトル $\boldsymbol{x}$ を持った学生だけである．

$$\boldsymbol{w}^T\boldsymbol{x} \geq w_0 \tag{4.2}$$

式 (4.2) の w_0 を左辺に移動させると以下を得る．

$$\boldsymbol{w}^T\boldsymbol{x} - w_0 \geq 0 \tag{4.3}$$

なお，これを成分を使って表すと以下になる．

$$w_1x_1 + w_2x_2 + w_3x_3 + w_4x_4 - w_0 \geq 0 \tag{4.4}$$

このように表した時，w_0 はバイアス項 (bias term) あるいは単にバイアスと呼ばれる．「バイアスがかかった見方」という表現にあるように，バイアスとは標準からのずれを意味する．0を基点として，そこからどれだけずれているかを表すのでバイアスと呼ばれている．

問 4-1 重みベクトルが $w = [1/2, 1/4, 1/4, -5]^T$ でバイアス項（合格ライン）が $w_0 = 60$ の時，成績評価ベクトルが $x = [70, 80, 80, 2]^T$ である学生は合格するか？

［解答］
$$w^T x - w_0 = (1/2) \times 70 + (1/4) \times 80 + (1/4) \times 80 + (-5) \times 2 - 60 = 5 \geq 0 \tag{4.5}$$
ゆえに合格である．

式(4.3)は若干煩雑である．そこでつねに -1 である入力 x_0 が存在し，それとバイアス項 w_0 を掛けた上で総和に足していると見ることにする．すなわち x_0 はどの学生でも -1 という値であると考える．これによって以下のように表せるようになる．

$$w_1x_1 + w_2x_2 + w_3x_3 + w_4x_4 + w_0x_0 \geq 0 \tag{4.6}$$

w_0 を w_5 に，x_0 を x_5 に書き換え，w と x を5次元ベクトルとすることで，ふたたび以下のようにまとめて書ける．

$$w^T x \geq 0 \tag{4.7}$$

本書ではバイアス項が存在する場合も含めて $w^T x$ と表すようにする．

評価項目の値や重みをベクトルを使って表した方がよい理由のひとつは，評価項目の数がいくつであろうと，同じ式(4.7)で表せることである．式(4.6)は評価項目の数が四つである時しか使えないが，式(4.7)には4という数が現れていないことから分かるように，任意の評価項目数について同じ式が使える．

これは線形分類器についての一般的な議論を展開する上で有益である．もちろん，表記が簡潔になるというメリットもある．以上の状況を図 4.1 に示した．

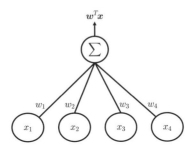

図 4.1 線形分類器．各 i につき，x_i は入力ユニット，w_i は重みを表す．$\sum$ は総和を求める演算を表す．$\boldsymbol{w}$ は w_i を並べたベクトル，$\boldsymbol{x}$ は x_i を並べたベクトルであり，$\boldsymbol{w}^T\boldsymbol{x}$ は両者の内積である．

式 (4.7) は合否判定が積の正負を判定する操作に帰着できるということを意味している．成績の各項目を並べたものを $\boldsymbol{x}$ で表し，式 (4.7) の左辺に代入する．その値が非負（正か 0）であれば合格，負であれば不合格，と判定できるわけである．なお，以降ではバイアス項も含めて重みと呼ぶことにする．

さて，ここで直感的イメージが働きやすくなるように，視覚化を行っておこう．属性が二つの場合，線形分類器による合否判定が直線による空間の分割として表現できることを示す．たとえばテスト成績 x_1 とレポート成績 x_2 だけで合否が決まる科目を考える．テスト成績に対する重みは w_1，レポート成績に対する重みは w_2 である．総合点が w_3 点以上であれば合格である．線形分類器による分類の例を図 4.2 に示した．各学生のテスト成績とレポート成績の組み合わせは平面上の点で表せるため，各学生を「×」で表している．

このように直線による平面の分割に対応していることが線形分類器という名称の由来である．属性が三つの場合，線形分類器は平面を使って 3 次元空間を分割することになる．高次元の場合は直線や平面を一般化した「超平面」というもので分類することになる．これを視覚化することは難しいが，曲がっていないことは確かである．線形分類器は曲線や曲面，折れ線を使ってサンプルを分類することができないのである．

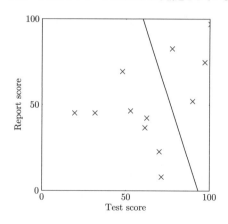

図 4.2 線形分類器によるデータの分類.横軸がテスト成績,縦軸がレポート成績であり,各学生は「×」で表されている.直線は $w = [3/4, 1/4, -70]^T$ によって描いている.直線より右上の学生は合格,左下の学生は不合格である.

4.2 重みはデータに基づいて最適化される

　さて,このような基準で長年成績評価が行われてきたのだが,近年,「実社会で即戦力として活躍できる人材を育てよう」という大学の方針のもと,産業界の期待に見合うように成績評価を行うことになった.今までは教員の主観で各評価項目に対する重みを決めてきたが,ビッグデータを活用し,重みをチューニングすることになったのである.実際,実社会ではテスト成績以上にプレゼン力が重要かもしれない.連日のサービス残業も苦にせず働く人材を発掘するためには,1回の欠席でも大きく減点するべきかもしれない.すなわち $w = [1/2, 1/4, 1/4, -5, -60]^T$ という重みベクトルは最適ではないかもしれない.ではどのようにしたら産業界の要請に相応しい重みが見つかるだろうか.

　これにはやはり企業がどのような人材を有益と考えているかの情報が必要であろう.そこで本学の卒業生が勤務している企業に問い合わせ,社会人として活躍しているかどうかの判定を下してもらう.結果として各卒業生に「活躍した社員」「活躍しなかった社員」というラベルが貼られる.2章で述べた機械学習の用語を使うと,「活躍した社員」と「活躍しなかった社員」がクラスとなる.

「合格にすべき学生」「不合格にすべき学生」と言ってもよい．属性の値から正しいクラスを予想するのが目的であるので，これは分類タスクである．

適切な重みを見つけるため，過去に遡ってそれらの学生の「データ構造とアルゴリズム」の成績を掘り起こす．当時の合否判定は無視して，各学生の成績評価ベクトルだけを使用する．そして「活躍した社員」（以下，活躍社員）になった学生が合格し，「活躍しなかった社員」（以下，非活躍社員）になった学生は不合格となるような重みを見つけることを試みる．もちろん，四つの評価項目だけで正確な予測が行えるとは考えられないが，なるべく予測間違い（合格したのに会社で活躍していない，あるいはその逆）が少なくなるような重みを探すのである．

このようにデータを使って目的を達成するパラメータ（この場合は重みベクトル w）を見つけ出すことが**学習** (learning)，または**訓練** (training) であり，機械学習の肝である．実際にどのように最適な重みを見つけるのかは次章にて説明する．本章ではまず，重みの適切さを評価する基準について議論を行う．

4.3 単純パーセプトロン

線形分類器の出力である線形結合 $w^T x$ は $-\infty$ から ∞ までの任意の値を取りうる．重み w が何であるかによって，$w^T x$ はいくらでも大きい値，あるいはいくらでも小さい値を取り得る．成績判定の場合，$w^T x$ が 0 より大きければ合格，0 より小さければ不合格と設定した．だが，その値の大きさ（つまり 0 からどれだけ離れているかの量）は何を表しているのだろうか．たとえば出力が -100 の時，何が -100 であると解釈したらいいのだろうか．出力が -100 の時と -200 の時では何がどれだけ違うのだろうか．

線形分類器の出力をそのまま使ったのではその値に対する解釈が難しい．そこで導入されるのが確率の考え方である．すなわち出力がただの数値ではなくて確率を表すよう，$w^T x$ を変換する．たとえば成績評価のタスクの場合，出力が「活躍社員になる確率」を表すようにする．つまり確実に活躍社員になると判定される場合は 1，確実に非活躍社員になると判定される場合は 0，どちらの可能性も等しく起こりうる場合は 1/2 を出力させたい．

確率であるので出力はつねに0と1の値を取る必要がある．たとえば確率が100や−100というのは変であるが，線形分類器の出力は$-\infty$から∞までの任意の値を取ってしまう．そこで$\boldsymbol{w}^T\boldsymbol{x}$の後に関数をひとつ挟むことで，出力が0と1の間の値を取るように変換する．これは様々な関数によって実現できるが，とくによく使われているのがシグモイド関数 (sigmoid function) である．シグモイド関数はσで表され，以下のように定義される．expは指数関数であり，$\exp(-a)$はe^{-a}を表す．

$$\sigma(a) = \frac{1}{1+\exp(-a)} \tag{4.8}$$

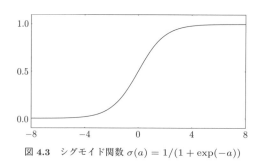

図 4.3 シグモイド関数 $\sigma(a) = 1/(1+\exp(-a))$

問 4-2　シグモイド関数は引数が∞に向かうにつれて，どの値に近づくか．また$-\infty$に向かうにつれて，どの値に近づくか．

［解答］　$a \to \infty$で$\exp(-a) \to 0$となるので，$\sigma(a) = 1/(1+\exp(-a)) \to 1$になる．一方，$a \to -\infty$で$\exp(-a) \to \infty$となるので，$\sigma(a) \to 0$となる．

シグモイド関数は図4.3に示した曲線となり，その定義域は$-\infty$から∞まで，値は0から1の範囲である．シグモイド関数は単調増加である．すなわちaが増えるほど$\sigma(a)$の値は大きくなっていく．これは総合評価点aが高い学生ほど活躍社員になる確率$\sigma(a)$が高く，また総合評価点が低いほどその確率が低くなるということを意味しており，出力を変換する方法として好ましい．こ

こまでの定義の流れを視覚的に表すと図 4.4 になる．

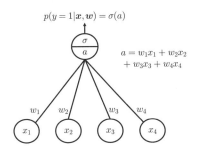

図 4.4 単純パーセプトロン．各 i につき，x_i は入力ユニット，w_i は重みを表す．σ はシグモイド関数を表す．$p(y=1|\boldsymbol{x},\boldsymbol{w})=\sigma(a)$ は出力される予測，すなわち $y=1$ となる予測確率である．

このような分類器を**単純パーセプトロン** (single-layer perceptron) と呼ぶ．単純パーセプトロンはもっとも簡単なニューラルネットワークである．その入力は $\boldsymbol{x}$ であり，重み（パラメータ）が $\boldsymbol{w}$，出力は $\sigma(\boldsymbol{w}^T\boldsymbol{x})$ になる [*1]．

1 章で述べたように，ニューラルネットワークはユニットから構成されるが，$\boldsymbol{x}$ の各成分 $x_1, x_2, ...$ がそれぞれ入力ユニットの値，すなわち入力データの成分に相当する．また，$w_1, w_2, ...$ がユニット間の結合の重みを表している．出力ユニットでは線形結合に続き，シグモイド関数による非線形変換が行われている．なお，単純パーセプトロンでは隠れユニットは存在しない．

分類器の出力が 0 と 1 の間の値を取ることによって，出力を確率と解釈できるようになった．どのような確率が出力されるかは入力された特徴ベクトル $\boldsymbol{x}$ と重みベクトル $\boldsymbol{w}$ によって決まる．すなわち確率が $\boldsymbol{x}$ と $\boldsymbol{w}$ の関数になっている．ゆえに 3 章で述べた条件付き確率を使い，$p(y|\boldsymbol{x},\boldsymbol{w})$ と表される．これは「入力が $\boldsymbol{x}$，パラメータが $\boldsymbol{w}$ である時の y の確率分布」を意味する．

予測の目的である属性 y の値は 0 か 1 である．1 は活躍社員，0 は非活躍社

[*1] 単純パーセプトロンは機械学習で広く使われている分類器である**ロジスティック回帰** (logistic regression) と同じ構造をしている．パラメータを最適化するアルゴリズムが異なるために別の名前がついているが，構造としては同じものである．ロジスティック関数はシグモイド関数を平行移動することで作られる．また，分類器であるのに名前に回帰と入っているのは，確率分布という数値が出力されるためである．

員である．出力されるのは $p(y=1|\boldsymbol{x},\boldsymbol{w})$（活躍社員である確率）であるが，$p(y=0|\boldsymbol{x},\boldsymbol{w})$（非活躍社員である確率）は 1 から $p(y=1|\boldsymbol{x},\boldsymbol{w})$ を引くことで求められる．今回は条件付き確率が以下の式 (4.9) で求められるということになる．

$$p(y=1|\boldsymbol{x},\boldsymbol{w}) = \sigma(\boldsymbol{w}^T\boldsymbol{x}) \qquad (4.9)$$
$$p(y=0|\boldsymbol{x},\boldsymbol{w}) = 1 - \sigma(\boldsymbol{w}^T\boldsymbol{x})$$

注意すべきことは，$p(y|\boldsymbol{x},\boldsymbol{w})$ は y についての確率分布，すなわち $y=1$ と $y=0$ の起きやすさ（確率）を表しているということである．$\boldsymbol{x}$ と $\boldsymbol{w}$ がその確率分布の形を決めているため，$p(y|\boldsymbol{x},\boldsymbol{w})$ はニューラルネットワークの入出力関係を表す分布と言える．

分類器の出力が確率であると，何が良いのだろうか．それは学習の目標がはっきりすることである．目標がはっきりしていればこそ，それに到達するための方法（アルゴリズム）を考えることができる．また，そのような方法を考えるのに確率の理論が使える．以下では分類器の出力を確率とみなすことの意味について，成績評価の例を使って説明する．

ある学生が企業で活躍する人材になるか否かにはある程度の偶然が作用していると考えられる．しかし完全な偶然ではなく，「データ構造とアルゴリズム」の授業にどの程度真剣に取り組んだかにも若干依存したプロセスであることが期待される．つまり「データ構造とアルゴリズム」に対する成績評価ベクトル $\boldsymbol{x}$ に依存し，企業での活躍の有無を示す y が確率的に決まる．このような因果関係は条件付き確率分布として表現できる．これを $q(y|\boldsymbol{x})$ で表す．

分類器が $q(y|\boldsymbol{x})$ を再現するようになれば，それを使って予測が行える．いわば現実のプロセスのシミュレーションができる．各学生の成績評価ベクトルだけを見て，将来活躍できるかどうかの予測が（ある程度の正確さで）行えるようになる．そのためニューラルネットワークの表す入出力関係 $p(y|\boldsymbol{x},\boldsymbol{w})$ ができるだけ $q(y|\boldsymbol{x})$ に似るようにパラメータ $\boldsymbol{w}$ を調整することが学習の目的となる．そのためには確率分布の間の類似度が必要である．あるいはその逆，相違度でもよい．相違度は二つの分布が似ているほど小さく，異なるほど大きくなる関数である．

なお，ニューラルネットワークの入出力関係を確率分布を使って表現したか

らといって，ニューラルネットワーク自体が確率的な（ランダム性を持った）挙動を示すようになるわけではない．ニューラルネットワークは同一の入力に対しては同一の出力を行う決定論的な予測器である．このためニューラルネットワークを表現する確率分布は単に頻度割合の分布と解釈した方がよい．

4.4 損失関数としてのクロスエントロピー

機械学習では確率分布の間の相違度として 3.7 節で述べた KL ダイバージェンスが使われることが多い．そこで式 (3.69) を再掲すると以下である．ただし確率変数を x から y に変えた．

$$D(q||p) = \int q(y) \log \frac{q(y)}{p(y)} dy \tag{4.10}$$

$$= \int q(y)(\log q(y) - \log p(y)) dy$$

$$= -\int q(y) \log p(y) dy + \int q(y) \log q(y) dy$$

なお，本章以降では対数関数 log で底を書かなかった場合，それは自然対数（e を底とする対数）とする．式 (4.10) より，KL ダイバージェンス $D(q||p)$ とエントロピー $H(q)$ の和はクロスエントロピー $H(q, p)$ である．

$$H(q, p) = D(q||p) + H(q) \tag{4.11}$$

右辺の KL ダイバージェンスとエントロピーはともに非負であるため，それらの和であるクロスエントロピーも非負である．これはクロスエントロピーも相違度の尺度として相応しいことを示唆している．

さて，p はニューラルネットワークの入出力関係を表す分布，q は目標とする分布である．式 (4.10) の最右辺の第 1 項 $\int q(y) \log q(y) dy$ は $-H(q)$ であるが，これには p（すなわち $p(y|\boldsymbol{x}, \boldsymbol{w})$）が現れていない．つまり KL ダイバージェンスを最小にする入出力関係 $p(y|\boldsymbol{x}, \boldsymbol{w})$ を求めるというタスクにおいて，右辺第 1 項はまったく影響しない．そもそもこの項は $p(y|\boldsymbol{x}, \boldsymbol{w})$ を変化させても変わらないので，計算しなくてよい．そこで KL ダイバージェンス $D(q||p)$ を損失関数に使う代わりに，クロスエントロピー $H(q, p)$ を損失関数として使っても同じ結果が得られる．KL ダイバージェンスの定義（式 (4.10)）とクロスエン

トロピーの定義（式 (3.68)）から明らかなように，クロスエントロピーの方が計算が少なくて済むので，深層学習では通常，クロスエントロピーが損失関数として使われる．

$q(y|\boldsymbol{x})$ と $p(y|\boldsymbol{x},\boldsymbol{w})$ をクロスエントロピーの定義式 (3.68) に代入すると以下を得る．

$$H(q,p) = -\int q(y|\boldsymbol{x})\log p(y|\boldsymbol{x},\boldsymbol{w})dy \tag{4.12}$$

クロスエントロピー $H(q,p)$ の値は何に依存しているだろうか．右辺で y については積分ですべての可能性について足し合わされているので，$H(q,p)$ の値が特定の y の値に依存するということはないが，$\boldsymbol{x}$ と $\boldsymbol{w}$ の値には依存する[*2]．

クロスエントロピーを損失関数として使う場合，それがパラメータ $\boldsymbol{w}$ の関数になることは問題ない．実際，学習では $\boldsymbol{w}$ を変化させることでクロスエントロピーを小さくしていく．では $\boldsymbol{x}$ の値はどう設定したらいいのだろうか．訓練データではサンプルごとに $\boldsymbol{x}^{(1)}, \boldsymbol{x}^{(2)}, \ldots$ となっており，$\boldsymbol{x}$ の値は異なっている．そのどれを使ったらいいのかが明らかでない．そこで $\boldsymbol{x}$ の特定の値への依存をなくすため，その確率分布 $q(\boldsymbol{x})$ を使ってクロスエントロピーの期待値を求める．つまり $\boldsymbol{x}$ は何らかの確率分布 $q(\boldsymbol{x})$ に従って生成していると考え，それによって期待されるクロスエントロピーの値を求める．クロスエントロピーの期待値 $E_{q(\boldsymbol{x})}[H(q,p)]$ は以下のように変形できる．

$$E_{q(\boldsymbol{x})}[H(q,p)] = \int q(\boldsymbol{x})\left(-\int q(y|\boldsymbol{x})\log p(y|\boldsymbol{x},\boldsymbol{w})dy\right)d\boldsymbol{x} \tag{4.13}$$
$$= \int\int (-q(\boldsymbol{x})q(y|\boldsymbol{x})\log p(y|\boldsymbol{x},\boldsymbol{w}))\,dyd\boldsymbol{x}$$
$$= \int\int (-q(\boldsymbol{x},y)\log p(y|\boldsymbol{x},\boldsymbol{w}))\,dyd\boldsymbol{x}$$
$$= E_{q(\boldsymbol{x},y)}[-\log p(y|\boldsymbol{x},\boldsymbol{w})]$$

この導出には同時確率 $q(\boldsymbol{x},y)$，条件付き確率 $q(y|\boldsymbol{x})$，周辺確率 $q(\boldsymbol{x})$ の間に成り立つ $q(\boldsymbol{x},y) = q(y|\boldsymbol{x})q(\boldsymbol{x})$ という関係式（式 (3.50)）を使った．これによって結果は分布 $q(\boldsymbol{x},y)$ のもとでの $-\log p(y|\boldsymbol{x},\boldsymbol{w})$ の期待値となることが分

[*2] 言い換えると y は束縛変数であるので $H(q,p)$ に影響を与えないのに対し，$\boldsymbol{x}$ と $\boldsymbol{w}$ は自由変数である．

かった．

このようにして得られたクロスエントロピーの期待値 $E_{q(\boldsymbol{x})}[H(q,p)]$ すなわち $E_{q(\boldsymbol{x},y)}[-\log p(y|\boldsymbol{x},\boldsymbol{w})]$ を以後は単にクロスエントロピーと呼ぶことにする．これはパラメータ $\boldsymbol{w}$ のみに依存する値である．

4.5 経験リスク最小化

学習の目的は真の分布 $q(y|\boldsymbol{x})$ に近い分布 $p(y|\boldsymbol{x},\boldsymbol{w})$ を見つけることである．そのための指標は分布 $q(\boldsymbol{x},y)$ のもとでの $-\log p(y|\boldsymbol{x},\boldsymbol{w})$ の期待値として求められることが分かった．ところが新たな問題として，学生の頃の努力が会社員としての活躍に反映されるプロセスがあまりにも複雑であるため，真の条件付き確率分布 $q(y|\boldsymbol{x})$ やそれに対応する同時分布 $q(\boldsymbol{x},y)$ は知りようがない．ではどうしたらいいのだろうか．それには手元にあるデータに基づいて $q(\boldsymbol{x},y)$ を近似すればよい．

ひとつの方法として，データから得られる経験分布を使用する方法がある．本書では $\boldsymbol{x},y$ について訓練データ全体を使って得られた経験分布を $\hat{q}(\boldsymbol{x},y)$ と表記する．たとえばサンプル数（訓練データに含まれる学生の数）が 10000 であり，学生時代の成績評価ベクトルが $\boldsymbol{x} = [95, 80, 75, 2, -1]^T$ で活躍社員となった（つまり $y=1$ である）人物が 1 人いるとしたら，$\hat{q}(y=1, \boldsymbol{x} = [95, 80, 75, 2, -1]^T) = 1/10000 = 0.0001$ となる [*3)]．すなわち学生の時の成績ベクトル $\boldsymbol{x}$ から会社での活躍 y が決まるプロセスを表す真の確率分布 $q(y|\boldsymbol{x})$ を知り得ないため，代わりにデータから得られた経験分布 $\hat{q}(\boldsymbol{x},y)$ を使い，クロスエントロピーの期待値 $E_{\hat{q}(\boldsymbol{x},y)}[-\log p(y|\boldsymbol{x},\boldsymbol{w})]$ を求める．これを損失関数 $J(\boldsymbol{w})$ とし，それをもっとも小さくするパラメータ（重み）$\boldsymbol{w}$ を見つける．

図 4.5 は真の入出力関係，訓練データが示す入出力関係，ニューラルネットワークによる入出力関係がどう関連するかを示している．クロスエントロピーが小さくなるようパラメータ $\boldsymbol{\theta}$ を変えていくことで，ニューラルネットワーク $p(y|\boldsymbol{x},\boldsymbol{\theta})$ によって訓練データが示す入出力関係 $\hat{q}$ を再現するのがニューラル

---

*3) ここでは簡単のため，成績は実数ではなく整数であると仮定している．

ネットワークの学習である．これが次章での目標となる．

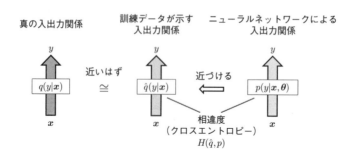

図 4.5　ニューラルネットワークが表す入出力関係 $p(y|\boldsymbol{x},\boldsymbol{\theta})$ が訓練データの表す入出力関係 $\hat{q}(y|\boldsymbol{x})$ に近づくよう，パラメータ $\boldsymbol{\theta}$ を変えていく．

なお，ここでは損失関数としてクロスエントロピーを使っているが，一般の損失関数に関し，3.6 節で述べた経験分布 $\hat{q}(\boldsymbol{x}, y)$ を使って得られた期待値を**経験リスク** (empirical risk) と呼ぶ．パラメータを $\boldsymbol{\theta}$，損失関数の元になる関数を $L(\boldsymbol{x}, y, \boldsymbol{\theta})$ で表すと，経験リスクは $E_{\hat{q}(\boldsymbol{x},y)}[L(\boldsymbol{x}, y, \boldsymbol{\theta})]$ と表せる．すべての訓練データを使って経験リスクを計算し，それを最小とするパラメータを探すことを**経験リスク最小化** (empirical risk minimization) と呼ぶ．経験リスク最小化の特徴は訓練データすべてから得られる経験分布を使用することである．

これに対して深層学習で広く使われているのは，訓練データ集合から小さな部分集合を繰り返しランダムに抽出し，その経験分布を使って損失関数を計算する手法である．これは**サンプリング** (sampling) によって真の分布 $q(\boldsymbol{x}, y)$ からのデータ生成をシミュレートすることに相当する．たとえばデータの先頭の 50 個のサンプルを取り出し，それが表す経験分布から計算された損失関数を減らすようにパラメータを更新する．続いて次の 50 個のサンプルを使い，同様に損失関数を減らすようなパラメータ更新を行う．これを損失関数の減少幅が十分小さくなるまで繰り返す．このようなアプローチのひとつが確率的勾配降下法であり，次章で詳しく説明する．

4.6 単純パーセプトロンにおけるクロスエントロピー

単純パーセプトロンでのクロスエントロピーの式 (4.13) では $-\log p(y|\boldsymbol{x},\boldsymbol{w})$ が $\boldsymbol{x}$ と y の関数であり，式 (3.57) の $f(\boldsymbol{x})$ で変数を $\boldsymbol{x}$ と y にしたものに相当する．そこで式 (3.57) に従い，訓練データの各サンプル i について，$\boldsymbol{x}^{(i)}$ と $y^{(i)}$ を代入した $-\log p(y^{(i)}|\boldsymbol{x}^{(i)},\boldsymbol{w})$ を足し合わせ，サンプル数 n で割ればよい．式で表した場合は以下である．

$$E_{\hat{q}(\boldsymbol{x},y)}[-\log p(y|\boldsymbol{x},\boldsymbol{w})] = -\frac{1}{n}\sum_{i=1}^{n}\log p(y^{(i)}|\boldsymbol{x}^{(i)},\boldsymbol{w}) \tag{4.14}$$

問 4-3 単純パーセプトロンの入出力関係と訓練データによる経験分布 $\hat{q}$ の間のクロスエントロピーをサンプル番号 i についての総和を使った式で表せ．

ヒント　式 (4.9) にシグモイド関数の定義を代入すると以下を得る．

$$p(y=1|\boldsymbol{x},\boldsymbol{w}) = \frac{1}{1+\exp(-\boldsymbol{w}^T\boldsymbol{x})} = \frac{\exp(\boldsymbol{w}^T\boldsymbol{x})}{1+\exp(\boldsymbol{w}^T\boldsymbol{x})} \tag{4.15}$$

$$p(y=0|\boldsymbol{x},\boldsymbol{w}) = 1 - \frac{1}{1+\exp(-\boldsymbol{w}^T\boldsymbol{x})} = \frac{\exp(-\boldsymbol{w}^T\boldsymbol{x})}{1+\exp(-\boldsymbol{w}^T\boldsymbol{x})} = \frac{\exp(0)}{1+\exp(\boldsymbol{w}^T\boldsymbol{x})}$$

$y=1$ と $y=0$ の場合をまとめ，以下のように表せる．

$$p(y|\boldsymbol{x},\boldsymbol{w}) = \frac{\exp(y\boldsymbol{w}^T\boldsymbol{x})}{1+\exp(\boldsymbol{w}^T\boldsymbol{x})} \tag{4.16}$$

これよりクロスエントロピーを求めると以下である．

$$H(q,p) = E_{q(\boldsymbol{x},y)}[-\log p(y|\boldsymbol{x},\boldsymbol{w})] \tag{4.17}$$
$$= E_{q(\boldsymbol{x},y)}[-y\boldsymbol{w}^T\boldsymbol{x} + \log(1+\exp(\boldsymbol{w}^T\boldsymbol{x}))]$$

［解答］

$$H(\hat{q},p) = \frac{1}{n}\sum_{i=1}^{n}(-y^{(i)}\boldsymbol{w}^T\boldsymbol{x}^{(i)} + \log(1+\exp(\boldsymbol{w}^T\boldsymbol{x}^{(i)}))) \tag{4.18}$$

もちろん，クロスエントロピーの実際の値を求めるには $\{\boldsymbol{x}^{(i)},y^{(i)}\}$ だけで

なく，w を代入しなくてはならない．つまりクロスエントロピーは w の関数である．損失関数は J で表すことが多いが，その値が w によって決まるため，$H(\hat{q}, p)$ を損失関数として使用する場合，$J(w)$ と書ける．

損失関数としてクロスエントロピーを使うと，「分類器の表す入出力関係によって真の入出力関係を再現させる」という目標がはっきりする．そしてクロスエントロピーを使うことで実用上も学習の効率が上がるため，現在の深層学習では広く使われている．なお，機械学習のタスクが回帰の場合，クラスラベルではなく数値を予測することが目的である．たとえば卒業後の年収を推定するようなタスクにおいてはシグモイド関数を入れず，線形結合の値と実際の年収の差を損失関数として学習を行うのでもよい[*4)]．4.8 節で述べるように，回帰タスクにおいては入出力関係を正規分布で近似すると，クロスエントロピーによる損失関数は平均二乗誤差 (mean squared error, MSE) と大小関係が一致する．そのため損失関数としてクロスエントロピーと平均二乗誤差のどちらを使っても同じ結果になる．

今になって考えれば不思議に感じられることだが，近年まで分類タスクにおいても平均二乗誤差を使用することが一般的だった．これは回帰において平均二乗誤差があまりにも頻繁に使われているため，そのまま使ってしまったことが原因であると考えられる．しかし 90 年代の統計的な機械学習の発展によってニューラルネットワークもまた統計の理論を使って解釈されるようになり，分類タスクにおいて平均二乗誤差を使うことの不合理性が指摘され，代わりにクロスエントロピーが使われるようになった．それによってパフォーマンスが大幅に向上し，現在の深層学習のブームに繋がったという歴史的経緯がある．

4.7　ソフトマックス関数

シグモイド関数は二つのクラスへの分類を行うために導入された．三つ以上のクラスに分類する場合，すなわち多値分類を行う場合，どのような関数を使用したらよいだろうか．たとえば画像認識では画像に何が映っているかを判定

[*4)]　線形結合 $w^T x$ が取る範囲は $(-\infty, \infty)$ であるが，年収が負ということはあまりない．その意味では何らかの変換を行った方がよいかもしれない．

4.7 ソフトマックス関数

するが,これは画像を「犬」「猫」「船」「飛行機」といった無数のクラスに分類することに相当するため,多値分類である.この場合,線形結合の結果をどのように変換したらいいだろうか.二値分類の場合と同様,出力は確率を意味するようになって欲しい.

まず,カテゴリカル属性の確率分布はすべての成分を足した時に 1 になるベクトルで表せる.たとえば画像が犬である確率が $1/3$,猫である確率が $1/2$,船である確率が 0,飛行機である確率が $1/6$ であるという分布は $[1/3, 1/2, 0, 1/6]^T$ で表せる.このようなベクトルが出力される関数が欲しい.この目的で広く使われているのがソフトマックス関数である.これはシグモイド関数の拡張として定義できる.まず,シグモイド関数は以下のように定義された.

$$\sigma(a) = \frac{1}{1 + \exp(-a)} \tag{4.19}$$

右辺の分母と分子に $\exp(a)$ を掛けることで以下が得られる.

$$\sigma(a) = \frac{\exp(a)}{\exp(a) + \exp(0)} \tag{4.20}$$

ここで $\boldsymbol{u} = [a, 0]^T$ というベクトルを考えると,それを引数とする新たな関数 $\check{\sigma}$ を以下のように定義できる.

$$\check{\sigma}(\boldsymbol{u}) = \frac{\exp(u_1)}{\exp(u_1) + \exp(u_2)} = \frac{\exp(u_1)}{\sum_{k=1}^{2} \exp(u_k)} \tag{4.21}$$

$\boldsymbol{u} = [\boldsymbol{w}^T \boldsymbol{x}, 0]^T$ と定義すると,パーセプトロンでは $\check{\sigma}(\boldsymbol{u})$ を確率 $p(y=1|\boldsymbol{x}, \boldsymbol{w})$ とみなすが,その場合,確率 $p(y=0|\boldsymbol{x}, \boldsymbol{w})$ は以下になる.

$$p(y=0|\boldsymbol{x}, \boldsymbol{w}) = 1 - p(y=1|\boldsymbol{x}, \boldsymbol{w}) = 1 - \check{\sigma}(\boldsymbol{u}) = \frac{\exp(u_2)}{\sum_{k=1}^{2} \exp(u_k)} \tag{4.22}$$

式 (4.21) の右辺を第 1 成分,式 (4.22) の右辺を第 2 成分とするベクトルを考えると,二つの式をまとめて表せる.ただしベクトルの値が $\boldsymbol{u}$ に依存するので,ベクトル値関数 $\boldsymbol{S}(\boldsymbol{u})$ で表す.その第 j 成分である関数 $S_j(\boldsymbol{u})$ は以下のように定義される.

$$S_j(\boldsymbol{u}) = \frac{\exp(u_j)}{\sum_{k=1}^{2} \exp(u_k)} \tag{4.23}$$

式 (4.9) と式 (4.22) より,y の値が 0 か 1 である場合の確率分布 $p(y|\boldsymbol{x}, \boldsymbol{w})$ が $\boldsymbol{S}(\boldsymbol{u})$ によって表せることが言える.式 (4.23) で S_j の引数として 2 次元ベ

クトルの代わりに任意の次元のベクトルを使うことでシグモイド関数を一般化したものが**ソフトマックス関数** (softmax function) であり，その第 j 成分となる関数は以下のように定義できる．ただし m は引数となるベクトル $\boldsymbol{u}$ の次元である．

$$S_j(\boldsymbol{u}) = \frac{\exp(u_j)}{\sum_{k=1}^{m} \exp(u_k)} \tag{4.24}$$

$S_j(\boldsymbol{u})$ を並べることで得られる m 次元ベクトルがソフトマックス関数 $\boldsymbol{S}$ の値である．

$$\boldsymbol{S}(\boldsymbol{u}) = \begin{bmatrix} S_1(\boldsymbol{u}) \\ S_2(\boldsymbol{u}) \\ \vdots \\ S_m(\boldsymbol{u}) \end{bmatrix} \tag{4.25}$$

$\sum_{j=1}^{m} S_j(\boldsymbol{u}) = 1$ となることは明らかであり，ソフトマックス関数の値であるベクトルは確率分布の性質（すべての可能性について確率を足したら 1 になる）を満たしている．本書ではすべての成分の総和が 1 であり，それぞれの成分を確率とみなせるベクトルを**確率分布ベクトル** (probability vector) と呼ぶことにする．この場合，ソフトマックス関数の出力は確率分布ベクトルである．

▶ **ソフトマックス関数を使用するメリット**　　ソフトマックス関数は m 個の要素それぞれについて得点 $u_1, ..., u_m$ が与えられている時，それに基づいて各要素に確率を割り当てる関数である．各要素の確率を割り当てたいだけであれば，ソフトマックス関数よりも単純な方法として，$p(j) = u_j / \sum_{k=1}^{m} u_k$ というように全体に占める割合を使う計算も考えられる．しかしこれはすべての j について $u_j \geq 0$ である時にしか使えない．確率は負になってはならないからである．

式 (4.24) を見ると，引数ベクトル $\boldsymbol{u}$ のそれぞれの成分 u_j を指数関数で増幅した上で，出力されるベクトルの和が 1 になるように正規化している（すなわち総和 $\sum_{k=1}^{m} \exp(u_k)$ で割っている）．増幅の方法は指数関数以外にもいろいろ考えられるが，確率分布を作るためにはその値がすべて非負（0 以上）である関数でなくてはならない．そのような関数としては u_j^2 も考えられるが，負の数について大小関係の逆転が生じるため，好ましくない．実際，$(-2)^2 > (-1)^2$ であるため，低い得点を持つ要素の方が高い確率を割り当てられることになっ

4.7 ソフトマックス関数

てしまう．そのため指数関数を使うことは増幅のもっともシンプルな方法のひとつであると言える．

ソフトマックス関数は深層学習における出力ユニットで使われることが多いが，その理由のひとつとして，クラスラベル（正解ラベル）を one-hot 表現で表現した場合，ソフトマックス関数による出力はそれと同次元のベクトルであるため，比較しやすいというメリットが挙げられる．また，one-hot 表現もソフトマックス関数の出力も成分の総和が 1 であるため，確率分布ベクトルの例であり，後述するように KL ダイバージェンスやクロスエントロピーを使って相違度を測ることができる．

▶**ソフトマックス関数と argmax 関数の比較**　ベクトルに対し，最大値を持つ成分の位置を返す関数を **argmax** 関数 (argmax function) と呼ぶ．たとえば $\boldsymbol{u} = [5, 1, 3, 9, 2, 6]^T$ の時，第 4 成分が最大であるので，$\arg\max(\boldsymbol{u}) = 4$ となる．そして 4 を one-hot 表現で表すと $[0, 0, 0, 1, 0, 0]^T$ になるため，$\arg\max(\boldsymbol{u}) = [0, 0, 0, 1, 0, 0]^T$ とも書ける．ソフトマックス関数と異なり，argmax 関数の出力の one-hot 表現の成分は 0 と 1 のみであり，最大値を持つ成分とそうでない成分への扱いの違いがはっきりしている．いわばトップ選手にしか興味を持たないコーチのようなものである．一方，ソフトマックス関数はそれをソフトに，すなわちより多くの成分について若干の数値を出力するようにしたものと捉えられる．それがソフトマックス関数という名前の由来である．

ここでソフトマックス関数の引数 $\boldsymbol{u}$ のある成分 u_j だけが極端に大きいという状況を考える．この時，指数関数の増幅効果により，ソフトマックス関数の値では $S_j(\boldsymbol{u})$ だけが 1 に近づき，他はほぼ 0 になる．すなわち引数の特定の成分だけを大きくするという極限において，ソフトマックス関数は argmax 関数と一致する．

▶**出力ユニットにおけるソフトマックス関数の使用**　ソフトマックス関数を単純パーセプトロンの出力に使用するには以下のようにする．ソフトマックス関数の引数は m 次元ベクトルであるため，入力として数値が m 個必要である．それぞれが入力との線形結合であるとすると，重みベクトルが m 個必要である．そこで重みベクトルを並べて作られる重み行列 $\boldsymbol{W}$ を使い，$\boldsymbol{W}\boldsymbol{x}$ と表す．ただし $\boldsymbol{W}$ は $m \times r$ 行列であり，その各行が重みベクトルである．r は $\boldsymbol{x}$

の次元である．$\boldsymbol{W}_{j:}$ は $\boldsymbol{W}$ の j 行目であり，j 番目の重みベクトルを表す．

$$\boldsymbol{W}\boldsymbol{x} = \begin{bmatrix} \boldsymbol{W}_{1:}\boldsymbol{x} \\ \boldsymbol{W}_{2:}\boldsymbol{x} \\ \vdots \\ \boldsymbol{W}_{m:}\boldsymbol{x} \end{bmatrix} \tag{4.26}$$

この時，$\boldsymbol{W}\boldsymbol{x}$ は m 次元ベクトルとなり，ソフトマックス関数の引数にできる．そこで $\boldsymbol{a} = \boldsymbol{W}\boldsymbol{x}$ と定義する．後述するが，$\boldsymbol{a}$ は活性と呼ばれる値である．

クラスラベルを m 次元の one-hot 表現 $\boldsymbol{y}$ で表した時，ソフトマックス関数を使って確率を表すには以下のようにする．

$$p(y_j = 1|\boldsymbol{x}, \boldsymbol{w}) = S_j(\boldsymbol{W}\boldsymbol{x}) = S_j(\boldsymbol{a}) = \frac{\exp(a_j)}{\sum_k \exp(a_k)} \tag{4.27}$$

この式はさらに j を使わない形に書き換えることもできる．$\boldsymbol{y}$ は one-hot 表現のため，y_j が 1 になる場合は $\boldsymbol{y}$ の残りの成分は 0 である．このため a_j を $\boldsymbol{y}^T\boldsymbol{a}$ と表せる．これは $\boldsymbol{y}^T\boldsymbol{a} = \sum_\gamma^m y_\gamma a_\gamma$ であり，$\gamma \neq j$ の項については $y_\gamma = 0$ より，$y_\gamma a_\gamma = 0$ となるためである．そこで以下の表現が可能になる．

$$p(\boldsymbol{y}|\boldsymbol{x}, \boldsymbol{w}) = \frac{\exp(\boldsymbol{y}^T\boldsymbol{W}\boldsymbol{x})}{\sum_k \exp((\boldsymbol{W}\boldsymbol{x})_k)} = \frac{\exp(\boldsymbol{y}^T\boldsymbol{a})}{\sum_k \exp(a_k)} \tag{4.28}$$

この表記法が良いのは $\boldsymbol{y}$ についての添え字 j が不要になり，また確率分布 $p(\boldsymbol{y}|\boldsymbol{x}, \boldsymbol{w})$ を直接表せているところである．これによって次章でクロスエントロピーの勾配を求める際，より簡潔な導出が可能になる．分布 $p(\boldsymbol{y}|\boldsymbol{x}, \boldsymbol{w})$ は $\boldsymbol{y}$ の正解値を代入した後の値ではないことには注意する．これは $f(\boldsymbol{y})$ と書いて関数 f を表した時，$\boldsymbol{y}$ の値が決まっていないのと同じことである．$p(\boldsymbol{y}|\boldsymbol{x}, \boldsymbol{w})$ は $\boldsymbol{y}, \boldsymbol{x}, \boldsymbol{w}$ という三つの引数を持つ関数であり，単純パーセプトロンの入出力関係を表現した確率分布である．式 (4.28) の右辺は分子における $\boldsymbol{y}$ の存在によってもはやソフトマックス関数の形をしていないが，5 章で述べるように右辺の対数を微分すると，ふたたびソフトマックス関数が姿を現す．

なお，すべての m 次元 one-hot 表現の集合を H とすると，以下のようにさらに簡潔な表記も可能である．ただし $\sum_{h \in H}$ は H に含まれるすべての $\boldsymbol{h}$ について総和を求めることを意味する[*5]．

[*5] このように定義される $p(\boldsymbol{y}|\boldsymbol{a})$ は統計力学においてカノニカル分布と呼ばれる．$\boldsymbol{y}$ は微視的状態であり，$-\boldsymbol{y}^T\boldsymbol{a}$ は逆温度とエネルギーの積である．

$$p(\boldsymbol{y}|\boldsymbol{a}) = \frac{\exp(\boldsymbol{y}^T \boldsymbol{a})}{\sum_{\boldsymbol{h} \in H} \exp(\boldsymbol{h}^T \boldsymbol{a})} \tag{4.29}$$

4.8 正規分布と平均二乗誤差

本節は正規分布についての予備知識を想定している．もし分かりにくいと感じた場合は読みとばしても次節以降を読む上で問題はない．

単純パーセプトロンでは出力を区間 $[0,1]$ に収めるためにシグモイド関数を出力関数としたが，目的が回帰である場合，出力関数を挟まず，$\boldsymbol{w}^T \boldsymbol{x}$ をそのまま出力させるという方法が使える．これを**線形回帰** (linear regression) と呼ぶ．たとえば学生の成績から将来の年収を予測するというタスクでは線形回帰が有効である．しかしニューラルネットワークの出力 $\boldsymbol{w}^T \boldsymbol{x}$ が 500 万であった時，年収がぴったり 500 万円になると断定するのは良くないだろう．ニューラルネットワークは 501 万円や 499 万円の可能性も含めた上で 500 万と出力していると考えられる．そこで線形回帰を拡張したものとして，出力をひとつの数値に断定しないニューラルネットワークを考えたい．これに類似した考え方として，4.7 節で述べたソフトマックス関数がある．argmax 関数は one-hot 表現（ひとつのカテゴリ（次元）のみに 1 を割り当てたベクトル）を出力するのに対し，ソフトマックス関数は多数のカテゴリ（次元）に 0 でない値を割り当てた確率分布を出力する．そこで回帰のためのニューラルネットワークにもソフトマックス関数のような出力を行わせたいが，年収の場合，円単位で考えれば可能な年収は膨大であり，それぞれを次元とするベクトルを出力させるのは現実的でない．そこでソフトマックス関数のようにベクトルを出力とするのではなく，**正規分布** (normal distribution) または**ガウス分布** (Gaussian distribution) を出力とするニューラルネットワークを考える．正規分布の確率密度関数は以下のように表される．ただし s は標準偏差パラメータと呼ばれ，式 (3.60) で定義された標準偏差に対応している．

$$p(y|\boldsymbol{x}, \boldsymbol{w}, s) = \frac{1}{\sqrt{2\pi}s} \exp\left(\frac{-(y - \boldsymbol{w}^T \boldsymbol{x})^2}{2s^2}\right) \tag{4.30}$$

このようなニューラルネットワークに入力 $\boldsymbol{x}$ を与えると，$\boldsymbol{w}^T \boldsymbol{x}$ を平均とし，s

を標準偏差とする正規分布が出力される[*6]．もちろん，正規分布の確率密度関数の曲線が出力されるわけではなく，$\boldsymbol{w}^T\boldsymbol{x}$ と s が出力されるのみであるが，これによってニューラルネットワークの利用者は $(1/\sqrt{2\pi}s)\exp(-(y-\boldsymbol{w}^T\boldsymbol{x})^2/2s^2)$ という正規分布が出力されたと解釈できる．これはソフトマックス関数を出力関数として使用した時，その出力であるベクトルが確率分布を表しているとみなせるのと対応している．

正規分布の確率密度関数（式 (4.30)）は釣り鐘型をしているが，平均 $\boldsymbol{w}^T\boldsymbol{x}$ はその中心軸，標準偏差 s はその広がり方を表している．そのため s はニューラルネットワークが $\boldsymbol{w}^T\boldsymbol{x}$ という値に対して持っている自信の度合いを表していると解釈できる．たとえば $\boldsymbol{w}^T\boldsymbol{x}$ が 500 万であり，s が小さい場合，ニューラルネットワークは年収が 500 万であることに自信があり，1000 万や 300 万という年収は考えにくいと判断している．逆に s が大きければ，ニューラルネットワークは 500 万という数値に自信がなく，1000 万円や 300 万円の可能性もありうると考えている．このように捉えると，ニューラルネットワークの入出力関係は $\boldsymbol{x}$ ごとにひとつの正規分布が決まる条件付き確率分布 $p(y|\boldsymbol{x},\boldsymbol{w},s)$ によって表現できる．入出力関係が確率分布で表現できたので，クロスエントロピーを使って損失関数が定義できる．

問 4-4 回帰のためのニューラルネットワークの入出力関係を表す正規分布 $p(y|\boldsymbol{x},\boldsymbol{w},s)$ と訓練データによる経験分布 $\hat{q}$ の間のクロスエントロピーを式で表せ．

[解答]　式 (4.30) を式 (4.14) に代入すると，以下が得られる．
$$H(\hat{q},p) = \frac{1}{n}\sum_{i=1}^{n}\frac{(y^{(i)}-\boldsymbol{w}^T\boldsymbol{x}^{(i)})^2}{2s^2} + \log s + \frac{1}{2}\log 2\pi \qquad (4.31)$$

式 (4.31) の右辺の第 2 項と第 3 項は重み $\boldsymbol{w}$ に依存しないので，$\boldsymbol{w}$ を動かして

[*6] この例では s が入力 $\boldsymbol{x}$ に依存しないとしているが，依存させたニューラルネットワークを考えることも可能である．

$H(\hat{q}, p)$ を最小化する場合は考えなくてよい．同様に $\boldsymbol{w}$ のみを動かす場合は $2s^2$ は定数であるため，第 1 項から $1/2s^2$ を括り出すと，出力 $\boldsymbol{w}^T\boldsymbol{x}^{(i)}$ と正解値 $y^{(i)}$ の差を二乗して足し合わせ，サンプル数 n で割った $(1/n)\sum_{i=1}^{n}(y^{(i)} - \boldsymbol{w}^T\boldsymbol{x}^{(i)})^2$ が得られる．これは平均二乗誤差 (MSE) と呼ばれる．このように入出力関係が正規分布に従うとした場合，損失関数としてクロスエントロピーを使うことは平均二乗誤差を最小化することと一致する．逆に言えば線形回帰には古くから平均二乗誤差の最小化が使われてきたが，その妥当性がクロスエントロピーの最小化という観点からも裏付けられたことになる．

4.9 多層パーセプトロン

単純パーセプトロンで分類を行う場合，線形分類器の出力に対してシグモイド関数で区間 $[0, 1]$ へのスケーリングを行っているだけであるので，分類の基準は変わらない．たとえば線形分類器が「活躍社員」と判定した学生（$\boldsymbol{w}^T\boldsymbol{x} \geq 0$ となる成績評価ベクトル x を持つ学生）が単純パーセプトロンでは「非活躍社員」に判定されるといったことは起きない．つまりサンプルを直線や平面で分類しているという点は線形分類器と変わらない．

単純パーセプトロンを発展させ，サンプルを曲線や曲面，折れ線で分類することはできないだろうか．図 4.2 では直線を使って空間を分割したが，曲線や折れ線によってサンプルを分けることはできないだろうか．それを実現するひとつの方法が**多層パーセプトロン**（multilayer perceptron, **MLP**）であり，単純パーセプトロンを重ねることで作られる．多層パーセプトロンは**多層ニューラルネットワーク** (multilayer neural network) の例である．

多層パーセプトロンの例を図 4.6 に示した[7]．入力データは x であるが，これを $\boldsymbol{z}^{(0)}$ で表す．$\hat{\boldsymbol{y}}$ が多層パーセプトロンの最終的な出力であり，出力関数 g を使って計算される．出力関数の例はシグモイド関数やソフトマックス関数で

---

[7] 本書では図 4.6 にあるように，ユニットを表す円を二つに分割し，上半分に活性化関数，下半分に活性を入れ，ユニットの出力は外に書くという記法を採用した．機械学習で広く使われているグラフィカルモデルとの整合性のため，ユニットの出力を円の中に書き，活性化関数や活性を省略する書き方が使われることも多い．

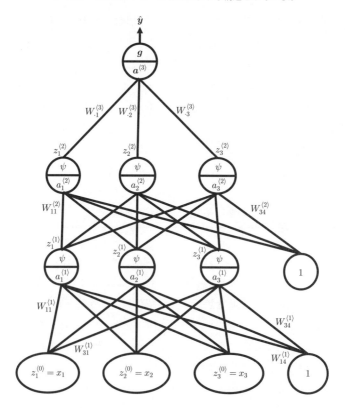

図 4.6 多層パーセプトロンの例．入力層は第 0 層であり，その値はベクトル $\boldsymbol{x}$ であるが，これは $\boldsymbol{z}^{\langle 0 \rangle}$ でもある．第 1 層への重み行列 $\boldsymbol{W}^{\langle 1 \rangle}$ と第 2 層への重み行列 $\boldsymbol{W}^{\langle 2 \rangle}$ は 3 行 4 列の行列で表される．$W^{\langle 1 \rangle}_{\mu\nu}$ は第 0 層の ν 番目のユニットから第 1 層の μ 番目のユニットへの結合に対する重みである．第 3 層への重み行列 $\boldsymbol{W}^{\langle 3 \rangle}$ の列数は 3 であるが，行数は出力関数 g の引数の次元に依存する．隠れユニットでは活性 $\boldsymbol{a}^{\langle \ell \rangle} = \boldsymbol{W}^{\langle \ell \rangle} \boldsymbol{z}^{\langle \ell-1 \rangle}$ から活性化関数 ψ によって $z^{\langle \ell \rangle}_\mu = \psi(a^{\langle \ell \rangle}_\mu)$ が計算される．出力ユニットでは活性 $\boldsymbol{a}^{\langle 3 \rangle} = \boldsymbol{W}^{\langle 3 \rangle} \boldsymbol{z}^{\langle 2 \rangle}$ が出力関数 g によって変換される．$\hat{\boldsymbol{y}} = \boldsymbol{g}(\boldsymbol{a}^{\langle 3 \rangle})$ がネットワークの最終的な出力である．

ある．シグモイド関数の場合は出力関数の値はスカラーであるが，ここではそれを 1 次元のベクトルと捉え，出力関数を太字 $\boldsymbol{g}$ で表す．入力と出力の間にあるのが隠れ層である．全体で $K+1$ 層あるとすると，入力層が第 0 層，出力層が第 K 層，それ以外は隠れ層である．

層の間ではそれぞれの層のユニットの組み合わせの数だけ結合が存在する．

4.9 多層パーセプトロン

たとえば第 ℓ 層に m 個, 第 $\ell-1$ 層に n $-$ 1 個のユニットが存在する時, それらの組み合わせの数である m $\times$ (n $-$ 1) 種類の結合が存在し, また第 ℓ 層の m 個のユニットのそれぞれにバイアス項が必要なため, あわせて m $\times$ n 個の重みが必要である. これを m 行 n 列の重み行列を使って表す. ただし重み行列は層ごとに異なるため, 第 ℓ 層への入力を計算するのに使う重み行列を $\boldsymbol{W}^{\langle\ell\rangle}$ で表す. すなわち第 $\ell-1$ 層の ν 番目のユニットから第 ℓ 層の μ 番目のユニットへの結合の重みが行列の成分 $W_{\mu\nu}^{\langle\ell\rangle}$ で表される. また, 第 ℓ 層の μ 番目のユニットへのバイアス項は $W_{\mu n}^{\langle\ell\rangle}$ で表される. 全体で $K+1$ 層ある場合, 入力層に続く重み行列が $W^{\langle 1\rangle}$, 出力層の手前の重み行列が $\boldsymbol{W}^{\langle K\rangle}$ である.

隠れ層における各ユニット (すなわち隠れユニット) はそれぞれ単純パーセプトロンの計算を行う. ただし後述するように, 現代のニューラルネットワークでは隠れユニットにおいてシグモイド関数以外の関数を使用することが一般的である. シグモイド関数のように隠れユニットにおいて入力から出力を求めるのに使用される関数を**活性化関数** (activation function) と呼ぶ. 図 4.6 では活性化関数を ψ で表している. 各ユニットにおける活性化関数の引数は**活性** (activation) と呼ばれる. これはユニットをニューロンとみなした時, その出力はニューロンが後続のニューロンに送る刺激の度合いであり, 発火活動の大きさとみなせるためである. 活性化関数という名称はニューロンをどれだけ活性化させるかを表していることから来ている.

第 $\ell-1$ 層の各ユニットの出力を並べたベクトルを $\boldsymbol{z}^{\langle\ell-1\rangle}$ で表す. 第 ℓ 層の μ 番目のユニットは $\boldsymbol{z}^{\langle\ell-1\rangle}$ に重み行列 $\boldsymbol{W}^{\langle\ell\rangle}$ の第 μ 行である $\boldsymbol{W}_{\mu:}^{\langle\ell\rangle}$ を掛けた $\boldsymbol{W}_{\mu:}^{\langle\ell\rangle}\boldsymbol{z}^{\langle\ell-1\rangle} = (\boldsymbol{W}^{\langle\ell\rangle}\boldsymbol{z}^{\langle\ell-1\rangle})_\mu$ を活性として受け取る. ただしこの計算では項で述べたように, 行列 $\boldsymbol{A}$ とベクトル $\boldsymbol{v}$ の積 $\boldsymbol{A}\boldsymbol{v}$ の第 μ 成分 $(\boldsymbol{A}\boldsymbol{v})_\mu$ は $\boldsymbol{A}$ の第 μ 行である $\boldsymbol{A}_{\mu:}$ と $\boldsymbol{v}$ の積であること (すなわち $(\boldsymbol{A}\boldsymbol{v})_\mu = \boldsymbol{A}_{\mu:}\boldsymbol{v}$) を使った.

第 ℓ 層の μ 番目のユニットが受け取る活性は $a_\mu^{\langle\ell\rangle} = (\boldsymbol{W}^{\langle\ell\rangle}\boldsymbol{z}^{\langle\ell-1\rangle})_\mu$ である. 活性を第 ℓ 層のすべてのユニットについて並べて得られるのが活性ベクトルであり, $\boldsymbol{a}^{\langle\ell\rangle} = \boldsymbol{W}^{\langle\ell\rangle}\boldsymbol{z}^{\langle\ell-1\rangle}$ と表せる. この状況を図 4.7 に示した.

活性ベクトル $\boldsymbol{a}^{\langle\ell\rangle}$ の各成分を活性化関数で変換したものが第 ℓ 層の出力となる. たとえば第 ℓ 層の μ 番目のユニットの出力は $\psi(a_\mu^{\langle\ell\rangle})$ であり, これを $z_\mu^{\langle\ell\rangle}$ で表す.

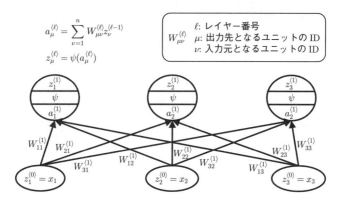

図 4.7 重み行列の成分 $W_{\mu\nu}^{\langle\ell\rangle}$ の役割. 第 ℓ 層の重み行列 $\boldsymbol{W}^{\langle\ell\rangle}$ は第 $\ell-1$ 層の出力を変換し, 第 ℓ 層に渡す. $W_{\mu\nu}^{\langle\ell\rangle}$ は第 $\ell-1$ 層の ν 番目のユニットから第 $\ell-1$ 層の μ 番目のユニットへの結合に対する重みとなる. ユニットの出力 $z_{\mu}^{\langle\ell\rangle}$ は分かりやすいようにユニットを表す円の中に入れている.

本書では活性化関数 ψ の集まりをベクトル値関数 $\boldsymbol{f}$ で表す. 第 ℓ 層の出力ベクトル $\boldsymbol{z}^{\langle\ell\rangle}$ は $\boldsymbol{f}$ を使って以下のように計算できる. ただしバイアス項を表現するため, $\boldsymbol{f}$ の最後の成分を 1 にしている. また, $\boldsymbol{z}^{\langle\ell\rangle}$ の次元を n で表している.

$$\boldsymbol{z}^{\langle\ell\rangle} = \boldsymbol{f}(\boldsymbol{a}^{\langle\ell\rangle}) = \begin{bmatrix} \psi(a_1^{\langle\ell\rangle}) \\ \psi(a_2^{\langle\ell\rangle}) \\ \vdots \\ \psi(a_{n-1}^{\langle\ell\rangle}) \\ 1 \end{bmatrix} \tag{4.32}$$

活性の計算 $\boldsymbol{a}^{\langle\ell+1\rangle} = \boldsymbol{W}^{\langle\ell+1\rangle}\boldsymbol{z}^{\langle\ell\rangle}$ において, $\boldsymbol{W}^{\langle\ell+1\rangle}$ の最右列は $\boldsymbol{z}^{\langle\ell\rangle}$ の最後の成分である 1 と掛けられるため, 第 $\ell+1$ 層の各ユニットに対するバイアス項を表すことになる. 実際, $W_{\xi n}^{\langle\ell+1\rangle}$ は $z_n^{\langle\ell\rangle}=1$ と掛けられるため, 第 ℓ 層のユニットの出力には依存せず, 第 $\ell+1$ 層の ξ 番目のユニットに対するバイアス項となる. 以上をまとめると, 多層パーセプトロンで行われる計算は以下のようにまとめられる.

4.9 多層パーセプトロン

$$\begin{aligned} z^{\langle 0 \rangle} &= x \\ a^{\langle \ell \rangle} &= W^{\langle \ell \rangle} z^{\langle \ell-1 \rangle} \quad (1 \leq \ell \leq K) \\ z^{\langle \ell \rangle} &= f(a^{\langle \ell \rangle}) \quad (1 \leq \ell \leq K) \\ \hat{y} &= g(a^{\langle K \rangle}) \end{aligned} \quad (4.33)$$

$\ell \geq 1$ の時，第 ℓ 層の出力 $z^{\langle \ell \rangle}$ が表しているのはデータの背後に隠れた特徴（潜在的特徴）とみなせる．成績評価の例に関していえば，たとえばテストとレポートの成績を組み合わせることで「理解力」という指標を求め，レポートとプレゼンテーションの成績を組み合わせることで「表現力」という指標を求め，プレゼンテーションの成績と出席を組み合わせることで「熱意」という指標を求める．それらの指標に重みを掛けた上で足し合わせ，最後に出力関数を通すことで，活躍社員になる確率を出力させる，という流れである．いずれの重みもデータから学習されるが，その方法については次章で述べる．もちろん，隠れユニットがどのような指標を表現するかはデータに依存し，上記のように理解力や表現力に相当する指標が使われるとは必ずしも限らない．どのような潜在的特徴が存在しているのかは人間にはあずかり知らぬ所であるので，それを決めておかなくてよいことは多層パーセプトロンの強みのひとつであると言える．

隠れ層の出力 $z^{\langle \ell \rangle}$ はサンプルを分類する上での**中間表現** (intermediate representation) とみなせる．成績評価ベクトルは学生の能力についてのひとつの表現であるが，そのままでは実社会での活躍に直結しない．それを隠れ層の間の重み行列による変換を通し，潜在的特徴を並べたベクトルという表現に変換することで，直線や平面を使った分類が行えるようになるというのが深層学習の仕組みである．

機械学習では観測できる確率変数を x，観測できない潜在的な確率変数を z で表すことが多い．隠れ層の出力を $z^{\langle \ell \rangle}$ で表すのはそこから来ている．なお，本書ではすべての ℓ について $z^{\langle \ell \rangle}$ を「隠れ層の出力」と表現する．厳密に言えば $z^{\langle 0 \rangle}$ はニューラルネットワークへの入力 x であるが，隠れ層の出力と言った時には $z^{\langle 0 \rangle}$ も含むこととする．

なお，線形分類器を重ねるだけでは線形関数（一次式）しか表せない．つまり

線形分類器を複数重ねても，それは結局ひとつの線形分類器で表せてしまう[*8]．しかし多層パーセプトロンでは層の間に活性化関数が挟まっていることにより，非線形の関数も表せる．表現力が高いのである．

本章では主に「活躍社員」「非活躍社員」を判定するタスクについて述べたが，多層パーセプトロンは任意の種類のデータの分類に使える．たとえば手書き文字の判定，画像認識，音声認識等々である．画像の場合，ひとつのピクセルがひとつの次元に相当するため，それぞれに対する重みが入力ユニットにおける重みを構成する．続く隠れ層における重みは画像が持つ潜在的特徴に対する重みとみなせる．

深層学習が高いパフォーマンスを発揮している一因として，単純な特徴を組み合わせることで複雑な特徴を定義し，それらをさらに組み合わせることを繰り返し，最終的な分類に使用するというアプローチが多くの種類のタスクに有効であるためと考えられる．

4.10 活性化関数

隠れユニットにおける活性化関数としてシグモイド関数を使用することは長らく一般的であった．これは多層パーセプトロンが単純パーセプトロンを重ねたという歴史的経緯から来ている．しかしそのためには無数のシグモイド関数を計算しなくてはならなくなり，計算コストが大きい．次章で述べるように，ニューラルネットワークの学習には活性化関数の微分を繰り返し計算する必要がある．その計算に時間が掛かってしまうと，パラメータの更新回数を増やせない．そこで出てきたのが活性化関数をシグモイド関数より単純な形にすることで重みの更新回数を増やし，より効率的な学習が行えないだろうかという考え方である．

現在，活性化関数としてもっとも広く使われているもののひとつが ReLU (レル)

[*8] 線形分類器を 2 層重ねた場合，$W^{(1)}x$ が第 2 層への入力であるので，それに重み行列 $W^{(2)}$ を掛けると $W^{(2)}W^{(1)}x$ が得られる．これは二つの行列の積として得られる行列 $W^{(2)}W^{(1)}$ を重み行列として使う線形分類器に等しい．層が二つ以上である場合も同様である．数学的に言えば，線形変換を合成しても線形変換にしかならないためである．

4.10 活性化関数

(rectified linear unit) である．rectify とは電子回路で言うところの整流である．整流素子はある方向の電圧の時には電流を流すが，逆向きの電圧では電流をまったく流さない．このような関数 $\mathcal{R}$ は以下のように正負の場合分けによって定義される．

$$\mathcal{R}(a) = \begin{cases} a & (a \geq 0) \\ 0 & (a < 0) \end{cases} \tag{4.34}$$

問 4-5 ReLU の微分を求めよ．ただし微分を行えない点があってもよい．

[解答] ReLU の微分（傾き）は負の領域では 0，正の領域では 1 である．0 では微分不可能である．

$$\frac{d\mathcal{R}(a)}{da} = \begin{cases} 1 & (a > 0) \\ \text{undefined} & (a = 0) \\ 0 & (a < 0) \end{cases} \tag{4.35}$$

undefined とは「定義されない」という意味である．つまり $d\mathcal{R}(a)/da$ の定義域は $a = 0$ を除く実数である．

ReLU を活性化関数として使ったユニットでは線形結合の結果が正であれば引数をそのまま値として出力し，負であれば 0 を出力する．これだけ単純であるにも関わらず，ReLU は深層学習の発展に多大に貢献した．ReLU がなぜ有効なのかといえば，それがもっとも簡単な非線形変換だからと言われている．ReLU は折れ線であるため，直線ではなく，非線形である．ReLU のように折れ線を繋げて作られる関数は**部分線形** (partially linear) とも呼ばれる．線形変換だけでは直線を直線に移す変換しか行えず，比例以上の関係を表現できない．しかし非線形変換を組み合わせていけば，より複雑な関数が作れる．無数の折れ線を繋げれば曲線を近似できるように，ReLU を階層的に重ねることで複雑な形をした折れ線でサンプルを分類できるのである．

なお，ReLU は引数が 0 の点において微分可能でない．それは 0 において関数が折れ曲がっており，そこでは傾きが定義されないからである．そのためシグモイド関数のようなあらゆる場所で微分可能な関数の方が望ましいと考えられ

たこともあったが，現在ではそれは問題にならないとされ，深層学習では ReLU を使用することが一般的になっている．仮に 0 での微分が必要となった場合は，そのすぐ左の値（負の領域）での微分である 0 か，すぐ右の値（正の領域）での微分である 1 のいずれかを使えばよい．

ReLU は隠れユニットでは使用されるが，出力ユニットで使われているのは現在もシグモイド関数やソフトマックス関数である．ReLU の出力はそもそも確率分布として解釈できないので，それを出力ユニットとして使った場合，損失関数としてクロスエントロピーを使うこともできなくなってしまう．

多層パーセプトロンでは隠れユニットの出力も確率分布と解釈できるため，ニューラルネットワークを確率変数のネットワークと見ることができたのだが，現在主流となった ReLU を使った多層ニューラルネットワークではそのような解釈ができない．しかし各隠れユニットの出力がサンプルの持つ潜在的特徴量を表していることには変わりがない．深層学習で現在広く使われているのは本章で述べた多層ニューラルネットワークを数百から数千の層まで重ねたモデルである．

なお，シグモイド関数と ReLU 以外によく使われる活性化関数としてはハイパーボリックタンジェント関数（hyperbolic tangent function，または双曲線正接関数）がある．これは tanh で表され，その値は区間 $(-1, 1)$ に収まる．

章 末 問 題

4-1 シグモイド関数を出力関数とする単純パーセプトロンを使い，学生が会社員として活躍するか否かの確率を求める．テスト成績・レポート成績・プレゼン成績・欠席数のそれぞれに対する重みが $w = [1/2, 1/4, 1/4, -5]^T$ であり，バイアス項（合格ライン）が $w_0 = 60$ であるとする．この時，成績評価ベクトルが $x = [68, 70, 62, 2]^T$ である学生が活躍する社員になる確率は単純パーセプトロンによればおよそどの程度になるか．ただし $\exp(3) \approx 20$ という近似を使うとよい．

4-2 活性が $a = [0, 0, 3]^T$ である時，ソフトマックス関数の出力の近似値を求め

よ．ただし $\exp(3) \approx 20$ という近似を使うとよい．

4-3 単純パーセプトロンで出力関数としてソフトマックス関数を使った場合の入出力関係 $p(\boldsymbol{y}|\boldsymbol{x}, \boldsymbol{w})$ と訓練データによる経験分布 $\tilde{q}(\boldsymbol{y}|\boldsymbol{x})$ の間のクロスエントロピーを式で表せ．

　　ヒント： 式 (4.28) で定義されたソフトマックス関数の対数に -1 を掛け，経験分布についての期待値を求めればよい．

4-4 出力関数としてソフトマックス関数を使用し，その引数を活性 $\boldsymbol{a} = \boldsymbol{W}\boldsymbol{x}$ で表した時の入出力関係 $p(\boldsymbol{y}|\boldsymbol{a})$ と経験分布 $q(\boldsymbol{y}, \boldsymbol{a})$ の間のクロスエントロピー $H(q,p)$ を求めよ．

4-5 出力関数としてシグモイド関数を使用し，その引数を活性 $a = \boldsymbol{w}^T\boldsymbol{x}$ で表した時の入出力関係 $p(y|a)$ と経験分布 $q(y,a)$ の間のクロスエントロピー $H(q,p)$ を求めよ．

5 ニューラルネットワークを どう学習させるか

5.1 パラメータ空間を動き回るパラメータベクトル

　機械学習では損失関数を下げるようにパラメータが更新されていく．深層学習の場合，損失関数として一般的に使用されるのはクロスエントロピーである．4.3項で述べたように，クロスエントロピーを下げることは真の入出力関係を表す $q(\boldsymbol{y}|\boldsymbol{x})$ になるべく近い確率分布 $p(\boldsymbol{y}|\boldsymbol{x},\boldsymbol{\theta})$ を表現するパラメータ $\boldsymbol{\theta}$ を求めることを意味する．

　ニューラルネットワークの場合，パラメータはユニット間での結合の重みである．階層的なニューラルネットワークでは重み行列が $\boldsymbol{W}^{\langle 1 \rangle}, \boldsymbol{W}^{\langle 2 \rangle}, ..., \boldsymbol{W}^{\langle K \rangle}$ と表されるが，これらの行列の成分をすべて一列に並べたものをベクトル $\boldsymbol{\theta}$ で表すと，損失関数は $J(\boldsymbol{\theta})$ と書ける．目標は $J(\boldsymbol{\theta})$ を最小化する $\boldsymbol{\theta}$ を見つけることである．そのような値を $\boldsymbol{\theta}^*$ と書くことにする．

　深層学習ではパラメータベクトル $\boldsymbol{\theta}$ を繰り返し更新することで $\boldsymbol{\theta}^*$ に近づけていくというアプローチが取られる．これは**反復的アルゴリズム** (iterative algorithm) の一種である．まずはパラメータの初期値 $\boldsymbol{\theta}^{(0)}$ を決め，それをデータに基づいて少しずつ更新することを繰り返す．そしてパラメータの更新に伴う損失関数の変化量があらかじめ定められた目標値以下になったら学習を終了する．初期値の決め方は深層学習の研究における重要な課題であり，活発に研究が行われているが，本章ではパラメータ更新の手法についてのみ議論する．

5.1 パラメータ空間を動き回るパラメータベクトル

まずはパラメータ更新を議論するための数式による記法を導入する．パラメータベクトル $\boldsymbol{\theta}$ と同じ次元を持つ**パラメータ空間** (parameter space) を考える．$\boldsymbol{\theta}$ はパラメータ空間における位置を表している．これは 3.1 節で述べたように，n 次元ベクトルは n 次元空間における位置とみなせるためである．パラメータ更新における各ステップは t で表す．t は 0 から始まる整数である．ステップ t におけるパラメータの値を $\boldsymbol{\theta}^{(t)}$ で表すと，$\boldsymbol{\theta}^{(0)}, \boldsymbol{\theta}^{(1)}, \boldsymbol{\theta}^{(2)}, \ldots$ という系列はパラメータ空間における移動の過程と捉えられる．移動方向を表すベクトルを $\Delta\boldsymbol{\theta}^{(t)}$ とすると，パラメータの更新操作は以下のように表せる．

$$\boldsymbol{\theta}^{(t+1)} = \boldsymbol{\theta}^{(t)} + \Delta\boldsymbol{\theta}^{(t)} \tag{5.1}$$

直感が働きやすいように，パラメータ空間が 2 次元である場合でイメージしてみよう．パラメータベクトル $\boldsymbol{\theta}$ は 2 次元であり，その第 1 成分 θ_1 は緯度，第 2 成分 θ_2 は経度を表すと解釈する．$\boldsymbol{\theta}$ の値ごとに損失関数の大きさ $J(\boldsymbol{\theta})$ が決まるが，これを地点 $\boldsymbol{\theta}$ における標高と捉える．パラメータ空間は 2 次元であるが，損失関数の大きさを高さと解釈するので，全体で 3 次元空間をイメージすることになる．目指すのは損失関数を最小化する $\boldsymbol{\theta}^*$ であるが，これは標高が一番低い地点である．

パラメータの更新は山歩きに例えられる．$\boldsymbol{\theta}^{(t)}$ は t 歩進んだ後の登山者の位置と解釈できる．寒くなってきて，できるだけ早く標高の低い地点にたどり着きたい．しかし山の地形は複雑なので，まっすぐ進んでいくのでは標高が下がらない．一歩ごとに最適な方向を選ばなくてはならない．すなわち各ステップ t ごとに移動方向 $\Delta\boldsymbol{\theta}^{(t)}$ を考えなくてはならない．この様子を図 5.1 に示した．

当然ながら，等高線に沿って歩くのではいつまで経っても標高が変わらない．等高線というのは同じ標高を持つ点を結ぶ曲線であり，その方向に進んでも標高が変わらないからである．もっとも少ない歩数で標高を下げたい時，考えられるひとつの方針はつねに斜面が一番急な方向に降りることである．ではそのような方向はどう求められるだろうか．

山歩きの場合，手元に地図があれば斜面が急な方向は一目瞭然である．しかしパラメータ空間においてそのような地図を描くにはあらゆる地点 $\boldsymbol{\theta}$ について標高 $J(\boldsymbol{\theta})$ を計算する必要があり，計算量が膨大で現実的に不可能である．そもそもそのような地図があれば，標高のもっとも低い点はすぐに見つけられる．

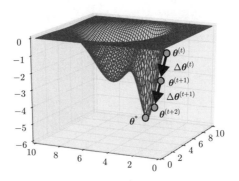

図 5.1 2次元パラメータ空間における移動．パラメータベクトルは2次元であり，標高が高いほど損失関数の値が大きい．ステップ t におけるパラメータベクトル $\boldsymbol{\theta}^{(t)}$ に $\Delta\boldsymbol{\theta}^{(t)}$ が足されることで，次のステップにおけるパラメータベクトル $\boldsymbol{\theta}^{(t+1)}$ が作られる．目指すのは $\boldsymbol{\theta}^*$ であり，そこでは損失関数の値がもっとも小さくなっている．

なるべく計算量を少なく，現在の地点 $\boldsymbol{\theta}^{(t)}$ において斜面がもっとも急な方向を求めるにはどうしたらいいだろうか．

5.2 勾配降下法で山を下る

斜面がもっとも急であるとは，その方向に一定量（たとえば一歩）進んだ時の上下の変化量がもっとも大きいことである．パラメータ空間の場合，損失関数の変化量がもっとも大きくなる移動方向が急であると言える．3.5節で述べたように，勾配 $\boldsymbol{\nabla}_{\boldsymbol{\theta}}J$ の方向に進むと増加量がもっとも大きい．機械学習の目的は損失関数を減らすことであるので，勾配の転置と逆方向にパラメータを動かすことになる．$-(\boldsymbol{\nabla}_{\boldsymbol{\theta}^{(t)}}J)^T$ という方向にパラメータ $\boldsymbol{\theta}^{(t)}$ を更新する．勾配を転置するのは3.5節で述べたように勾配が行ベクトルとして定義されている一方，パラメータベクトルは列ベクトルであり，転置しなければ足せないためである．以下のようにパラメータ更新のベクトル $\Delta\boldsymbol{\theta}^{(t)}$ を決めることを**勾配降下法** (gradient descent) と呼ぶ．

$$\Delta\boldsymbol{\theta}^{(t)} = -\eta^{(t)}(\boldsymbol{\nabla}_{\boldsymbol{\theta}^{(t)}}J)^T \tag{5.2}$$

$\eta^{(t)}$ は**学習率**（learning rate，または**ステップ幅** (step size)）と呼ばれる値であり，パラメータ更新の大きさを決めている．この値が小さすぎると最適値

$\boldsymbol{\theta}^*$ に到達するまでに時間が掛かりすぎるが，大きすぎると1ステップ進んだ際に $\boldsymbol{\theta}^*$ を越えてしまう可能性があり，逆になかなか到達できないということが起こりうる．各時点 t で学習率を適切に定めることは深層学習の研究において重要な課題であり，多数の手法が提案されている．これについては本章の最後で述べる．

最も急な方向に動くことで降下していくので，勾配降下法は**最急降下法** (steepest descent) とも呼ばれる．勾配 $\nabla_{\boldsymbol{\theta}^{(t)}} J$ が 0 である地点に到達した時には $\Delta \boldsymbol{\theta}^{(t)} = 0$ となるので，それ以上パラメータが更新されなくなるため，そこで学習が終了する．しかしそれまでに時間が掛かりすぎることも多く，実際は勾配のノルム $\|\nabla_{\boldsymbol{\theta}^{(t)}} J\|$ があらかじめ定められた値よりも小さくなったら学習を終了させることが多い．

パラメータ更新

損失関数のパラメータによる勾配 $\nabla_{\boldsymbol{\theta}^{(t)}} J$ にステップ幅 $\eta^{(t)}$ を掛けた値をパラメータ $\boldsymbol{\theta}^{(t)}$ から引く．

5.3 確率的勾配降下法

深層学習では 4.5 節で述べた経験リスクの最小化ではなく，訓練データ集合から繰り返しサンプルを取り出し，それを使って勾配を計算するアプローチが取られる．このアプローチを**確率的勾配降下法**（stochastic gradient descent, **SGD**）と呼ぶ．

訓練データ集合から抽出されたサンプルの集合を**ミニバッチ** (mini-batch) あるいは単に**バッチ** (batch) と呼ぶ．データの一部のみを抜き出すことで，確率的なサンプリングを行っているとみなせる．なお，計算機科学ではバッチと言えば複数の処理をまとめて行うという意味であるが，確率的勾配降下法ではバッチはミニバッチの略称であり，たとえサンプルをひとつ取り出すのであってもバッチと呼ばれるので注意が必要である．バッチの作成はサンプルの中からさ

らにサンプルを選び出す操作なので，**サブサンプリング** (subsampling) とも呼ばれる．5.1節で述べたパラメータ空間における地形のアナロジーを使って考えると，経験リスク最小化では地形が変化しないため，パラメータベクトルが窪地に入ってしまうと，そこから抜け出すことができない．このような窪地は**局所最適解** (local optimum) と呼ばれる．これに対し，パラメータ空間全体の中で損失関数が最小になる地点は**大域的最適解** (global optimum) と呼ばれる．

パラメータ空間には局所最適解の他にも問題となる場所が存在する．**プラトー** (plateau) は平らな地形という意味であり，勾配が小さい領域が大きく広がっている範囲を指す．**鞍点**(saddle point) はある次元については極小値（すなわち局所的に最小），別の次元については極大値（すなわち局所的に最大）になっているような点である．鞍点は局所最適解ではないが，勾配は0である．経験リスク最小化でパラメータベクトルが局所最適解やプラトー，鞍点に入ってしまうと，勾配が小さい，あるいは0になるため，パラメータの更新が進まなくなる．これに対して確率的勾配降下法では地形がバッチごとに変化するので，そのような領域から抜け出すことができる．この状況を図5.2に示した．

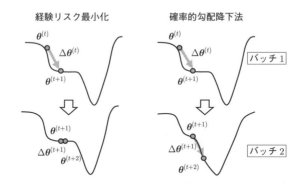

図 5.2　バッチの変化によるプラトーからの脱出．経験リスク最小化の場合，パラメータベクトル θ がプラトーに入ると，勾配が小さいため，そこからなかなか抜け出せない．確率的勾配降下法ではバッチごとに損失関数の作る地形自体が変わるため，プラトーから抜け出せる可能性が高い．

確率的勾配降下法のもうひとつの利点はバッチごとに計算を行うので，すべてのデータを保存する必要がないことである．たとえばビデオカメラから撮影

された映像や購買履歴など，膨大なデータが学習に利用可能となっている分野も多い．そのすべてを訓練データとして保存するのは不可能なことも多い．確率的勾配降下法はバッチ単位で計算を行うため，すべてのサンプルを一度に保存しておかなくてよい．また，過去に利用したバッチをふたたび参照する必要もない．そのため大規模なデータ保存装置が不要になる．このようにデータを一括して使用せずに済むプログラムをオンラインアルゴリズム (online algorithm) と呼ぶ．確率的勾配降下法はオンラインアルゴリズムの例である．

バッチサイズの決め方には工夫が必要である．大きくすることですべての訓練データを用いた場合の勾配 $E_{\hat{q}(\boldsymbol{x},\boldsymbol{y})}[\nabla_{\boldsymbol{\theta}} J]$ の良い推定量になっていくが，あまり大きすぎると確率性がなくなってしまい，オーバーフィッティングが生じやすくなる．

5.4 誤差逆伝播法（バックプロパゲーション）

勾配降下法では勾配 $\nabla_{\boldsymbol{\theta}} J$ を使ってパラメータ更新が行われる．順伝播型ニューラルネットワークにおいて，$\nabla_{\boldsymbol{\theta}} J$ を効率的に（無駄なく）求める工夫が**誤差逆伝播法** (backpropagation) である．英語のままバックプロパゲーションと呼ばれることも多い．誤差逆伝播法は以下の特徴を持つ．

- **順伝播と逆伝播**： パラメータの現在の値を使って活性や隠れユニットの出力を計算する順伝播と，それに基づいてパラメータを更新する逆伝播を交互に繰り返す．
- **ヤコビ行列の連鎖律による勾配の定義**： ヤコビ行列の連鎖律（式 (3.46)）を使うことでパラメータ更新に使用する勾配が再帰的に定義される．
- **デルタの伝播**： デルタの伝播という形で勾配を効率的に計算できる．

本章ではこれらの特徴の意味について，順次説明していく．

4 章で述べた多層ニューラルネットワークは順伝播型ニューラルネットワークの一種であるが，$\boldsymbol{\theta}$ は各層の重み行列の成分を並べて作られる．$\nabla_{\boldsymbol{\theta}} J$ は極めて次元の高いベクトルであるが，そのうち，第 ℓ 層の直前の重み行列 $\boldsymbol{W}^{(\ell)}$ についての微分を並べて得られる部分を $\nabla_{\boldsymbol{W}^{(\ell)}} J$ で表す．$\boldsymbol{W}^{(\ell)}$ はベクトルでなくて行列であるが，その各成分を一列に並べてベクトルにし，それで J を微

分することで得られる勾配を $\nabla_{\boldsymbol{W}^{\langle\ell\rangle}} J$ で表す．たとえば $\boldsymbol{W}^{\langle\ell\rangle}$ が 2×2 行列である時，$\nabla_{\boldsymbol{W}^{\langle\ell\rangle}} J$ は以下のようになる．

$$\nabla_{\boldsymbol{W}^{\langle\ell\rangle}} J = \begin{bmatrix} \frac{\partial J}{W^{\langle\ell\rangle}_{11}} & \frac{\partial J}{W^{\langle\ell\rangle}_{12}} & \frac{\partial J}{W^{\langle\ell\rangle}_{21}} & \frac{\partial J}{W^{\langle\ell\rangle}_{22}} \end{bmatrix} \tag{5.3}$$

層数が $K+1$ の時，ℓ が 1 から K のそれぞれについて $\nabla_{\boldsymbol{W}^{\langle\ell\rangle}} J$ を求めれば $\nabla_{\boldsymbol{\theta}} J$ が得られる．

$$\nabla_{\boldsymbol{\theta}} J = \begin{bmatrix} \nabla_{\boldsymbol{W}^{\langle 1\rangle}} J & \nabla_{\boldsymbol{W}^{\langle 2\rangle}} J & ... & \nabla_{\boldsymbol{W}^{\langle K\rangle}} J \end{bmatrix} \tag{5.4}$$

勾配 $\nabla_{\boldsymbol{\theta}} J$ が求まれば式 (5.1) と式 (5.2) によりパラメータベクトル $\boldsymbol{\theta}$ を更新できる．

それでは式 (5.4) のどの $\nabla_{\boldsymbol{W}^{\langle\ell\rangle}} J$ から計算を始めても計算コストは同じだろうか．たとえば入力層にもっとも近い $\nabla_{\boldsymbol{W}^{\langle 1\rangle}} J$ から始めるのと，出力層にもっとも近い $\nabla_{\boldsymbol{W}^{\langle K\rangle}} J$ から始めるのとで，計算の量は同じだろうか．そうではないというのが誤差逆伝播法の考え方である．

誤差逆伝播法では $\nabla_{\boldsymbol{W}^{\langle K\rangle}} J$ をまず求め，続いて $\nabla_{\boldsymbol{W}^{\langle K-1\rangle}} J$，さらに $\nabla_{\boldsymbol{W}^{\langle K-2\rangle}} J$ と進めていき，最後に $\nabla_{\boldsymbol{W}^{\langle 1\rangle}} J$ を計算する．出力層から入力層に向かって進むので，「逆」伝播という名前が付いている．なぜその順序で行うことで計算コストを減らせるのかは次節以降で説明する．

多層ニューラルネットワークは式 (4.33) で表されたが，以下に再掲する．

$$\begin{aligned} \boldsymbol{z}^{\langle 0\rangle} &= \boldsymbol{x} \\ \boldsymbol{a}^{\langle\ell\rangle} &= \boldsymbol{W}^{\langle\ell\rangle} \boldsymbol{z}^{\langle\ell-1\rangle} \quad (1 \le \ell \le K) \\ \boldsymbol{z}^{\langle\ell\rangle} &= \boldsymbol{f}(\boldsymbol{a}^{\langle\ell\rangle}) \quad (1 \le \ell \le K) \\ \hat{\boldsymbol{y}} &= \boldsymbol{g}(\boldsymbol{a}^{\langle K\rangle}) \end{aligned} \tag{5.5}$$

図 5.3 は誤差逆伝播法の全体的な流れを示している．誤差逆伝播法におけるパラメータ更新は順伝播 (forward propagation) というフェーズと逆伝播 (back propagaion) というフェーズを交互に繰り返すことで行われる．

5.4 誤差逆伝播法（バックプロパゲーション）

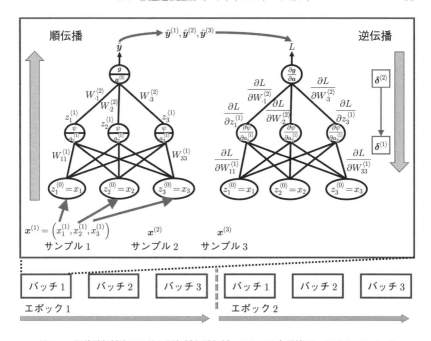

図 5.3 誤差逆伝播法における順伝播と逆伝播．ここでは全訓練データが三つのバッチで構成され，各バッチに三つのサンプルが含まれる例を示している．順伝播と逆伝播はバッチごとに行われる．ここではバッチ 1 の中身を拡大し，順伝播と逆伝播を示している．順伝播では各サンプルの入力データ $\boldsymbol{x}^{(1)}$, $\boldsymbol{x}^{(2)}$, $\boldsymbol{x}^{(3)}$ が順番に入力層に渡され，ニューラルネットワークによる予測が行われる．これによって出力層にて予測値 $\hat{\boldsymbol{y}}^{(1)}$, $\hat{\boldsymbol{y}}^{(2)}$, $\hat{\boldsymbol{y}}^{(3)}$ が得られる．逆伝播では予測値と正解値から得られる L を用い，出力層から入力層に向けて勾配が順番に計算され，それの期待値 $\nabla_{\boldsymbol{\theta}} \tilde{J}$ を使って重み行列が更新される．逆伝播が終わると次のバッチに移り，ふたたび順伝播が行われる．訓練データのすべてを使い終えることをひとつのエポックと表現する．深層学習では一般的にエポックが多数回繰り返される．

5.4.1 順伝播でひとまず予測を行う

順伝播ではパラメータの現在の値 $\boldsymbol{\theta}^{(t)}$ を使い，訓練データについて予測を行う．初期の誤差逆伝播法ではすべての訓練データを一度に使って予測が行われていたが，現在主流となっている確率的勾配降下法に基づく誤差逆伝播法では訓練データの一部に対してのみ予測が行われる．具体的には訓練データから $\tilde{n}$ 個のサンプルからなるバッチを取り出し，その中にある各サンプルを入力 $\boldsymbol{x}^{(i)}$

として，パラメータ $\boldsymbol{\theta}^{(t)}$ を持つニューラルネットワークに入力し，出力 $\hat{\boldsymbol{y}}^{(i)}$ を得る．この計算を行う際，最終的な出力 $\hat{\boldsymbol{y}}^{(i)}$ だけでなく，各隠れ層の出力（中間表現）$\boldsymbol{z}^{\langle \ell, i \rangle}$ や活性 $\boldsymbol{a}^{\langle \ell, i \rangle}$ もすべて保存しておく．

4章で使用した成績評価の例を引き続き使用すると，順伝播は個々の学生 i について，現在の重み行列を使用し，活躍の有無の予測値 $\hat{\boldsymbol{y}}^{(i)}$ を「とりあえず予測してみる」ことに相当する．すると実際に活躍したかどうかを表す正解値 $\boldsymbol{y}^{(i)}$ との相違度が分かる．この相違度が損失であり，それを減らすように逆伝播においてパラメータ更新を行うことになる．

図5.3では長方形がひとつのバッチの処理に相当する．各バッチの中でそれに属す各サンプル i についてそれぞれ順伝播が行われ，$\hat{\boldsymbol{y}}^{(1)}, ..., \hat{\boldsymbol{y}}^{(\tilde{n})}$ が計算される．バッチ全体について順伝播を行ったのち，逆伝播に移る．

各層の出力の計算
現時点でのパラメータを使って予測を行う．計算は入力層から出力層に向かって行われ，各層の出力 $\boldsymbol{z}^{\langle \ell \rangle}$ を記録しておく．

5.4.2　出力ユニット直前の重み行列の更新規則

逆伝播はすでに述べたように，もっとも出力に近い重み行列による勾配 $\nabla_{\boldsymbol{W}^{\langle K \rangle}} J$ の計算から始める．$\boldsymbol{W}^{\langle K \rangle}$ は出力関数がシグモイド関数の場合は行ベクトルであり，ソフトマックス関数の場合は行列である．

単純パーセプトロンの出力ユニットでソフトマックス関数を使った場合，式(4.28) で示したように，入出力関係を表す確率分布 $p(\boldsymbol{y}|\boldsymbol{x}, \boldsymbol{W})$ が以下になる．

$$p(\boldsymbol{y}|\boldsymbol{x}, \boldsymbol{W}) = \frac{\exp(\boldsymbol{y}^T \boldsymbol{a})}{\sum_k \exp(a_k)} = \frac{\exp(\boldsymbol{y}^T \boldsymbol{W} \boldsymbol{x})}{\sum_k \exp((\boldsymbol{W}\boldsymbol{x})_k)} \tag{5.6}$$

これに対し，多層ニューラルネットワークの場合，出力ユニットに渡されるのは入力 $\boldsymbol{x}$ ではなく，直前の隠れ層の出力 $\boldsymbol{z}^{\langle K-1 \rangle}$ である．また，それに掛けられる重み行列は $\boldsymbol{W}^{\langle K \rangle}$ である．以降，この項では $\boldsymbol{W}^{\langle K \rangle}$ を簡単のため，$\boldsymbol{W}$ で表す．また $\boldsymbol{z}^{\langle K-1 \rangle}$ を $\boldsymbol{z}$ で表す．そして活性 $\boldsymbol{a}^{\langle K \rangle} = \boldsymbol{W}^{\langle K \rangle} \boldsymbol{z}^{\langle K-1 \rangle}$ を $\boldsymbol{a}$ で表す．これによって以下が得られる．

5.4 誤差逆伝播法（バックプロパゲーション）

$$p(\boldsymbol{y}|\boldsymbol{a}) = \frac{\exp(\boldsymbol{y}^T\boldsymbol{a})}{\sum_k \exp(a_k)} \tag{5.7}$$

損失関数としてクロスエントロピーを使う場合，式 (4.13) で示したように，その値は $E_{q(\boldsymbol{x},\boldsymbol{y})}[-\log p(\boldsymbol{y}|\boldsymbol{x},\boldsymbol{\theta})]$ である．条件部に入っているのは $\boldsymbol{x}$ と $\boldsymbol{\theta}$ であるが，出力は最終的には（出力ユニットに渡される活性）$\boldsymbol{a}$ によって決まるので，それを条件とすることもできる．すなわち $J = E_{q(\boldsymbol{x},\boldsymbol{y})}[-\log p(\boldsymbol{y}|\boldsymbol{a})]$ と表せる．これに式 (5.7) を代入すると，以下が得られる．

$$\begin{aligned}
J &= E_{q(\boldsymbol{x},\boldsymbol{y})}[-\log p(\boldsymbol{y}|\boldsymbol{a})] \\
&= E_{q(\boldsymbol{x},\boldsymbol{y})}\left[-\log \frac{\exp(\boldsymbol{y}^T\boldsymbol{a})}{\sum_k \exp(a_k)}\right] \\
&= E_{q(\boldsymbol{x},\boldsymbol{y})}\left[-\boldsymbol{y}^T\boldsymbol{a} + \log \sum_k \exp(a_k)\right]
\end{aligned} \tag{5.8}$$

損失関数 J はデータの分布 $q(\boldsymbol{x},\boldsymbol{y})$ についての期待値であるが，毎回書くのは煩雑であるので，期待値計算の対象となる関数を L で表す．すなわち J と L は以下の関係にある．

$$J(\boldsymbol{\theta}) = E_{q(\boldsymbol{x},\boldsymbol{y})}[L(\boldsymbol{x},\boldsymbol{y},\boldsymbol{\theta})] \tag{5.9}$$

すなわち J はパラメータ $\boldsymbol{\theta}$ のみの関数であるのに対し，L はデータの値 $\boldsymbol{x}$ と $\boldsymbol{y}$ にも依存する．今回の場合，以下が言える．ただし活性 $\boldsymbol{a}$ は入力 $\boldsymbol{x}$ とパラメータ $\boldsymbol{\theta}$ の関数である．

$$L(\boldsymbol{x},\boldsymbol{y},\boldsymbol{\theta}) = -\log p(\boldsymbol{y}|\boldsymbol{a}) = -\boldsymbol{y}^T\boldsymbol{a} + \log \sum_k \exp(a_k) \tag{5.10}$$

この項では $\partial L/\partial W_{\mu\nu}$ を計算することを目標とする．ただし $W_{\mu\nu}$ は $K-1$ 層目の ν 番目のユニットからソフトマックス関数の引数 $\boldsymbol{a}$ の第 μ 成分への結合に対する重みである．$\partial L/\partial W_{\mu\nu}$ の期待値が $\partial J/\partial W_{\mu\nu}$ になり，これが勾配降下法による J の最小化に使用できる．

これにはまず，ヤコビ行列の連鎖律（式 (3.46)）の左辺に現れる変数をスカラーとすることで得られる以下の展開を行い，右辺の因子 $\partial L/\partial \boldsymbol{a}$ と $\partial \boldsymbol{a}/\partial W_{\mu\nu}$ を順に求める．これを図 5.4 に示した．

$$\frac{\partial L}{\partial W_{\mu\nu}} = \frac{\partial L}{\partial \boldsymbol{a}} \frac{\partial \boldsymbol{a}}{\partial W_{\mu\nu}} \tag{5.11}$$

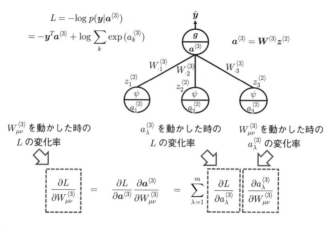

図 5.4　重み行列 $W_{\mu\nu}^{(3)}$ についての微分の分解. ヤコビ行列の連鎖律により, 活性 $a^{(3)}$ を使った形に分解できる.

問 5-1　勾配 $\nabla_a L = \partial L/\partial a$ を求めよ.

ヒント　$\partial L/\partial a$ の第 λ 成分は $\partial L/\partial a_\lambda$ である. その値は式 (5.10) を a_λ で微分することで求められる. 得られた結果の第 2 項はソフトマックス関数 S を使った形に書き換えられる. ソフトマックス関数の第 λ 成分である関数は S_λ で表すとよい.

[解答]

$$\frac{\partial L}{\partial a_\lambda} = -y_\lambda + \frac{\exp(a_\lambda)}{\sum_k \exp(a_k)} \tag{5.12}$$
$$= -y_\lambda + S_\lambda(a) = S_\lambda(a) - y_\lambda$$

この式を並べることで以下のベクトルを使った表記が得られる.

$$\nabla_a L = S(a) - y \tag{5.13}$$

式 (5.10) より $\nabla_a L = -\nabla_a \log p(y|a)$ であるが, $\nabla_a \log p(y|a)$ は統計学ではスコア (score) と呼ばれる値である. ゆえに式 (5.13) は出力関数としてソフトマックス関数を使った場合, スコアが正解値 y と予測値 $S(a)$ の間の誤差

5.4 誤差逆伝播法（バックプロパゲーション）

の形になることを意味している．

続いて $\partial \boldsymbol{a}/\partial W_{\mu\nu}$ を求めたい．これには a_λ を $\boldsymbol{W}$ と $\boldsymbol{z}$ の成分を使って表し，微分して $\partial a_\lambda/\partial W_{\mu\nu}$ を求め，それを並べればよい．$a_\lambda = \sum_\gamma W_{\lambda\gamma} z_\gamma$ であるので総和の微分が必要になるが，以下の公式が利用できる．

$$\frac{\partial \sum_\gamma w_\gamma u_\gamma}{\partial w_\nu} = u_\nu \tag{5.14}$$

これは $\sum_\gamma w_\gamma u_\gamma$ の各項のうち，$\gamma = \nu$ である項以外は w_ν を含まないため，w_ν で微分すると 0 になって消えるためである．ベクトル $\boldsymbol{w}$ と $\boldsymbol{u}$ の成分はそれぞれ異なる変数であるので，たとえば $\boldsymbol{w} = [w_1, w_2, w_3]^T$ で $\boldsymbol{u} = [u_1, u_2, u_3]^T$ とすると，$\partial(w_1 u_1 + w_2 u_2 + w_3 u_3)/\partial w_2 = u_2$ となるのと同じ仕組みである．また，その発展として，以下の式も成り立つ．

$$\frac{\partial \sum_\gamma A_{\lambda\gamma} u_\gamma}{\partial A_{\mu\nu}} = I_{\lambda\mu} u_\nu \tag{5.15}$$

ただし $I_{\lambda\mu}$ は単位行列 $\boldsymbol{I}$ の (λ, μ) 成分であり，$\lambda = \mu$ の時は 1，それ以外では 0 である．すなわち以下の意味である．

$$I_{\lambda\mu} u_\nu = \begin{cases} u_\nu & (\lambda = \mu) \\ 0 & (\lambda \neq \mu) \end{cases} \tag{5.16}$$

これは $\lambda = \mu$ かつ $\gamma = \nu$ の時のみ，$A_{\lambda\gamma} u_\gamma = A_{\mu\nu} u_\nu$ を $A_{\mu\nu}$ で微分して u_ν が得られるが，それ以外の場合は 0 となるためである．

問 5-2 活性ベクトルの成分 a_λ を重み行列の成分 $W_{\mu\nu}$ で微分して得られるベクトル $\partial a_\lambda/\partial W_{\mu\nu}$ を求めよ．

［解答］
$$\frac{\partial a_\lambda}{\partial W_{\mu\nu}} = \frac{\partial \sum_\gamma W_{\lambda\gamma} z_\gamma}{\partial W_{\mu\nu}} = I_{\lambda\mu} z_\nu \tag{5.17}$$

問 5-3 問 5-1 と問 5-2 の回答を使い，$\partial L/\partial W_{\mu\nu}$ を求めよ．

［解答］　勾配 $\partial L/\partial \boldsymbol{a}$ は行ベクトル，$\partial \boldsymbol{a}/\partial W_{\mu\nu}$ は列ベクトルであるので，その積によってスカラーである $\partial L/\partial W_{\mu\nu}$ が求まる．

$$\frac{\partial L}{\partial W_{\mu\nu}} = \frac{\partial L}{\partial \boldsymbol{a}} \frac{\partial \boldsymbol{a}}{\partial W_{\mu\nu}} = \sum_\lambda \frac{\partial L}{\partial a_\lambda} \frac{\partial a_\lambda}{\partial W_{\mu\nu}} \qquad (5.18)$$
$$= \sum_\lambda ((S_\lambda(\boldsymbol{a}) - y_\lambda) I_{\lambda\mu} z_\nu) = (S_\mu(\boldsymbol{a}) - y_\mu) z_\nu$$

ただし $I_{\lambda\mu}$ の存在によって，$\lambda = \mu$ となる項のみが残ることを使った．

なお，式 (5.18) の左辺を行列 $\partial L/\partial \boldsymbol{W}$ の (μ,ν) 成分とみなすと，右辺が行列 $(\boldsymbol{S}(\boldsymbol{a}) - \boldsymbol{y})\boldsymbol{z}^T$ の (μ,ν) 成分であることから，以下の簡潔な式 (5.19) も得られる．ただし左辺 $\partial L/\partial \boldsymbol{W}$ はスカラー値関数の行列による微分であり，ベクトル値関数のベクトルによる微分ではないため，ヤコビ行列ではない．

$$\frac{\partial L}{\partial \boldsymbol{W}} = (\boldsymbol{S}(\boldsymbol{a}) - \boldsymbol{y})\boldsymbol{z}^T \qquad (5.19)$$

ここで確率的勾配降下法の考え方に基づき，バッチから得られる経験分布 $\tilde{q}(\boldsymbol{x},\boldsymbol{y})$ による L の期待値 $\tilde{J}$ を定義する．

$$\tilde{J}(\boldsymbol{\theta}) = E_{\tilde{q}(\boldsymbol{x},\boldsymbol{y})}[L(\boldsymbol{x},\boldsymbol{y},\boldsymbol{\theta})] \qquad (5.20)$$

式 (5.9) と比較すると，$\tilde{J}$ はバッチを用いた損失関数 J の近似値とみなせる．経験分布 $\tilde{q}(\boldsymbol{x},\boldsymbol{y})$ を用いるにあたり，$\boldsymbol{a}$ と $\boldsymbol{z}$ については各サンプルについて順伝播で得られた値を使い，$\boldsymbol{y}$ については対応するサンプルの正解値を使う．$\tilde{q}(\boldsymbol{x},\boldsymbol{y})$ は $\boldsymbol{x}$ と $\boldsymbol{y}$ についての分布であるが，現時点でのパラメータ $\boldsymbol{\theta}^{(t)}$ を持つニューラルネットワークと実際の i 番目の入力 $\boldsymbol{x}^{(i)}$ によって決まる $\boldsymbol{a}^{(i)}$ と $\boldsymbol{z}^{(i)}$，そしてそれに対応する正解値 $\boldsymbol{y}^{(i)}$ を使って期待値を計算するのである．$\boldsymbol{W}$ についてはパラメータベクトルの現在の値 $\boldsymbol{\theta}^{(t)}$ から抜き出して使う．

以下の式 (5.21) では $\tilde{n}$ はバッチに含まれるサンプル数である．また，$\boldsymbol{y}^{(i)}$ はバッチに含まれる i 番目のサンプルにおける $\boldsymbol{y}$ の正解値，$\boldsymbol{z}^{(i)}$ はバッチの i 番目のサンプルの $\boldsymbol{x}^{(i)}$ から順伝播を行った際に得られた $\boldsymbol{z}$ の値，$\boldsymbol{a}^{(i)}$ は順伝播の際にサンプル i について計算された活性 $\boldsymbol{a}^{(i)} = \boldsymbol{W}\boldsymbol{z}^{(i)}$ である．これによって損失関数の微分 $\partial J/\partial W_{\mu\nu}$ の近似値が得られるが，それを $\partial \tilde{J}/\partial W_{\mu\nu}$ で表すことにする．

$$\frac{\partial \tilde{J}}{\partial W_{\mu\nu}} = E_{\tilde{q}(\boldsymbol{x},\boldsymbol{y})}\left[(S_\mu(\boldsymbol{a}) - y_\mu) z_\nu\right] \qquad (5.21)$$

$$= \frac{1}{\tilde{n}} \sum_{i=1}^{\tilde{n}} (S_\mu(\boldsymbol{a}^{(i)}) - y_\mu^{(i)}) z_\nu^{(i)}$$

確率的勾配法におけるパラメータ更新に使われるのはこの勾配である．式 (5.1) で定義したように，パラメータの更新は現在のパラメータの値 $\boldsymbol{\theta}^{(t)}$ に対して $\Delta\boldsymbol{\theta}^{(t)}$ すなわち $-\eta^{(t)}(\boldsymbol{\nabla}_{\boldsymbol{\theta}^{(t)}}\tilde{J})^T$ を足すことで行われる．今回求めた $\partial\tilde{J}/\partial W_{\mu\nu}$ は $\boldsymbol{\nabla}_{\boldsymbol{\theta}^{(t)}}\tilde{J}$ の成分のひとつである．つまり式 (5.21) によって重み $W_{\mu\nu}$ がどのように更新されていくのかが決まる．

今回得られた勾配について，直感的な説明を行っておく．$W_{\mu\nu}$ の値が大きく増やされるのはどのような時かを考えてみる．勾配降下法では勾配の逆方向 $-\boldsymbol{\nabla}_{\boldsymbol{\theta}^{(t)}}\tilde{J}$ にパラメータは更新される．式 (5.1) と式 (5.2)，ならびに式 (5.21) より以下が言える．ただし $W_{\mu\nu}$ がパラメータであり，$\boldsymbol{\theta}$ の成分のひとつであることを使った．

$$\begin{aligned} W_{\mu\nu}^{(t+1)} &= W_{\mu\nu}^{(t)} - \eta^{(t)} \frac{\partial \tilde{J}}{\partial W_{\mu\nu}^{(t)}} \\ &= W_{\mu\nu}^{(t)} - \frac{\eta^{(t)}}{\tilde{n}} \sum_{i=1}^{\tilde{n}} (S_\mu(\boldsymbol{a}^{(i)}) - y_\mu^{(i)}) z_\nu^{(i)} \\ &= W_{\mu\nu}^{(t)} + \frac{\eta^{(t)}}{\tilde{n}} \sum_{i=1}^{\tilde{n}} (y_\mu^{(i)} - S_\mu(\boldsymbol{a}^{(i)})) z_\nu^{(i)} \end{aligned} \tag{5.22}$$

この式は，$(y_\mu^{(i)} - S_\mu(\boldsymbol{a}^{(i)})) z_\nu^{(i)}$ が大きいサンプル i は $W_{\mu\nu}$ を増加させることを意味している．これはどのような時に起きるだろうか．

$W_{\mu\nu}$ はソフトマックス関数の直前の重み行列の成分であり，その行番号 μ はカテゴリを表している．また，列番号 ν は出力層の直前の層のユニットを区別する添え字である．$\boldsymbol{y}^{(i)}$ は one-hot 表現であるが，その μ 成分の表すカテゴリが正解値だった時に $y_\mu^{(i)} = 1$ となる．もしソフトマックス関数の出力の成分 $S_\mu(\boldsymbol{a}^{(i)})$ が 1 に近いとすると，両者の間の差 $y_\mu^{(i)} - S_\mu(\boldsymbol{a}^{(i)})$ は 0 に近いので，サンプル i は $W_{\mu\nu}$ の増加に貢献しない．

一方，$y_\mu^{(i)} = 1$ であるのに $S_\mu(\boldsymbol{a}^{(i)})$ が小さいとすると，差 $y_\mu^{(i)} - S_\mu(\boldsymbol{a}^{(i)})$ は大きい．この時，$z_\nu^{(i)}$ もまた大きいとすると，それらの積 $(y_\mu^{(i)} - S_\mu(\boldsymbol{a}^{(i)})) z_\nu^{(i)}$ は大きくなり，$W_{\mu\nu}$ を増加させることになる．

この状況を図 5.5 に示した．まとめると，「サンプル i の入力 $\boldsymbol{x}^{(i)}$ に対する正

5. ニューラルネットワークをどう学習させるか

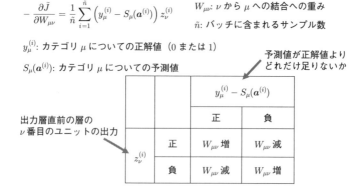

図 5.5 重み行列の成分 $W_{\mu\nu}$ は「出力層の直前の隠れ層の ν 番目のユニット」から「ソフトマックス関数の引数 $\boldsymbol{a}$ においてカテゴリ μ に対応する成分 a_μ」への結合の強さを表している。ユニット ν からの出力を使うことで正解値と予測値の差である $y_\mu^{(i)} - S_\mu(\boldsymbol{a}^{(i)})$ が 0 に近くなるよう $W_{\mu\nu}$ は更新される.

解カテゴリが μ であるのに，それに対応する予測値 $S_\mu(\boldsymbol{a}^{(i)})$ が小さいとする．予測値と正解値を一致させるには $S_\mu(\boldsymbol{a}^{(i)})$ を大きくさせる必要がある．そのためには入力 $\boldsymbol{x}^{(i)}$ に対して活発に活動しているユニットの出力（たとえば z_ν）と $a_\mu^{(i)}$ を結びつけてやればよい．そこで両者を繋ぐ結合の重み $W_{\mu\nu}$ を大きくすることで，出力 $S_\mu(\boldsymbol{a}^{(i)})$ を大きくさせる」という，なんだか笑ってしまうような素朴な更新規則が導かれたことが分かる.

式 (5.21) に示されているように，重み $W_{\mu\nu}$ の増加量は誤差 $y_\mu^{(i)} - S_\mu(\boldsymbol{a}^{(i)})$ と $z_\nu^{(i)}$ の両方に比例する形となっており，極めてシンプルである．このように重みを更新することで，次に i と同じようなサンプルが来た場合，出力の μ 成分が大きくなることが期待される.

結果はシンプルだが，確率分布の間の相違度である KL ダイバージェンスから得られるクロスエントロピー，出力ユニットにおけるソフトマックス関数の使用，そして勾配降下法によるパラメータ更新という三つの原則だけからこのように直感的な結果が出てくるのは興味深くないだろうか.

成績評価の例に即していえば，活躍する学生（$\boldsymbol{y}^{(i)} = [1]$ となる学生）に対してその予測値（活躍すると考える度合い）が低い場合，その学生が高い点を取っている評価項目に対する重みを増加させることを意味する.

以上のように $\boldsymbol{W}$ すなわち $\boldsymbol{W}^{\langle K \rangle}$ に関しては極めて単純な更新規則が得られたが，それよりも入力側の層に関してはどのようにして重み行列を更新したらいいのかが自明ではない．それをこれから示すようにヤコビ行列の連鎖律に基づき機械的に導き出せるのが誤差逆伝播法の優れている点である．

なお，式 (5.18) から式 (5.19) を求めたのと同じ議論に基づき，式 (5.21) は列ベクトルと行ベクトルの積を使って以下のように簡潔な式で表せる．

$$\frac{\partial \tilde{J}}{\partial \boldsymbol{W}} = \frac{1}{\tilde{n}} \sum_{i=1}^{\tilde{n}} (\boldsymbol{S}(\boldsymbol{a}^{(i)}) - \boldsymbol{y}^{(i)}) \boldsymbol{z}^{(i)T} \tag{5.23}$$

5.4.3 中間的な重み行列の更新規則

続いて重み行列 $\boldsymbol{W}^{\langle K-1 \rangle}$ についての更新規則を導く．以降では出力ユニットへの活性を ($\boldsymbol{a}$ でなく) $\boldsymbol{a}^{\langle K \rangle}$ で，出力ユニットにもっとも近い重み行列を ($\boldsymbol{W}$ でなく) $\boldsymbol{W}^{\langle K \rangle}$ で，その直前の隠れ層の出力を ($\boldsymbol{z}$ でなく) $\boldsymbol{z}^{\langle K-1 \rangle}$ で表す．

必要なのは $\boldsymbol{\nabla}_{\boldsymbol{\theta}} L = \partial L / \partial W_{\mu\nu}^{\langle K-1 \rangle}$ という勾配である．これが求まれば，バッチから得られる経験分布 $\tilde{q}$ での期待値計算 $\boldsymbol{\nabla}_{\boldsymbol{\theta}} \tilde{J} = E_{\tilde{q}(\boldsymbol{x},\boldsymbol{y})}[\boldsymbol{\nabla}_{\boldsymbol{\theta}} L(\boldsymbol{x},\boldsymbol{y},\boldsymbol{\theta})]$ (式 (5.20)) により，以下のように確率的勾配降下法で使う勾配が得られる．

$$\frac{\partial \tilde{J}}{\partial W_{\mu\nu}^{\langle K-1 \rangle}} = E_{\tilde{q}(\boldsymbol{x},\boldsymbol{y})} \left[\frac{\partial L}{\partial W_{\mu\nu}^{\langle K-1 \rangle}} \right] \tag{5.24}$$

L は $\boldsymbol{W}^{\langle K-1 \rangle}$ に依存するが，その間には式 (5.5) と式 (5.10) で示されるように，複数のベクトル値関数がある．そのためヤコビ行列の連鎖律 (式 (3.46)) を繰り返し使って $\partial L / \partial W_{\mu\nu}^{\langle K-1 \rangle}$ を展開する．

$$\frac{\partial L}{\partial W_{\mu\nu}^{\langle K-1 \rangle}} = \frac{\partial L}{\partial \boldsymbol{a}^{\langle K \rangle}} \frac{\partial \boldsymbol{a}^{\langle K \rangle}}{\partial \boldsymbol{z}^{\langle K-1 \rangle}} \frac{\partial \boldsymbol{z}^{\langle K-1 \rangle}}{\partial \boldsymbol{a}^{\langle K-1 \rangle}} \frac{\partial \boldsymbol{a}^{\langle K-1 \rangle}}{\partial W_{\mu\nu}^{\langle K-1 \rangle}} \tag{5.25}$$

この展開の直感的な意味を説明しておく．左辺 $\partial L / \partial W_{\mu\nu}^{\langle K-1 \rangle}$ は $W_{\mu\nu}^{\langle K-1 \rangle}$ を動かした時の L の変化率である．$W_{\mu\nu}^{\langle K-1 \rangle}$ によって得られる活性 $\boldsymbol{a}^{\langle K-1 \rangle}$ は $\boldsymbol{a}^{\langle K \rangle}$ に変換された上で L の引数になるので，$\boldsymbol{a}^{\langle K-1 \rangle}$ から $\boldsymbol{a}^{\langle K \rangle}$ への変換の微分，すなわちヤコビ行列の積 $(\partial \boldsymbol{a}^{\langle K \rangle} / \partial \boldsymbol{z}^{\langle K-1 \rangle})(\partial \boldsymbol{z}^{\langle K-1 \rangle} / \partial \boldsymbol{a}^{\langle K-1 \rangle})$ を考えなくてはならない．ヤコビ行列の連鎖律は変化率の影響がどのように伝わるかを表している．

式 (5.25) の最初の因子はスカラー値を持つ L を列ベクトル $\boldsymbol{a}^{\langle K \rangle}$ で微分しているので勾配であるが，その成分は式 (5.12) ですでに求めている．

$$\left(\frac{\partial L}{\partial \boldsymbol{a}^{\langle K \rangle}}\right)_\lambda = \frac{\partial L}{\partial a_\lambda^{\langle K \rangle}} = S_\lambda(\boldsymbol{a}^{\langle K \rangle}) - y_\lambda \tag{5.26}$$

これを並べて行ベクトルに関する式が得られる．

$$\frac{\partial L}{\partial \boldsymbol{a}^{\langle K \rangle}} = (\boldsymbol{S}(\boldsymbol{a}^{\langle K \rangle}) - \boldsymbol{y})^T \tag{5.27}$$

第 2 因子 $\partial \boldsymbol{a}^{\langle K \rangle}/\partial \boldsymbol{z}^{\langle K-1 \rangle}$ は列ベクトルを列ベクトルで微分しているので，式 (3.28) で定義されたヤコビ行列である．その (λ, ζ) 成分を求めればよい．

問 5-4 式 (5.25) の第 2 因子 $\partial \boldsymbol{a}^{\langle K \rangle}/\partial \boldsymbol{z}^{\langle K-1 \rangle}$ を求めよ．

［解答］
$$\left(\frac{\partial \boldsymbol{a}^{\langle K \rangle}}{\partial \boldsymbol{z}^{\langle K-1 \rangle}}\right)_{\lambda \zeta} = \frac{\partial a_\lambda^{\langle K \rangle}}{\partial z_\zeta^{\langle K-1 \rangle}} \tag{5.28}$$
$$= \frac{\partial \left(\sum_\gamma W_{\lambda \gamma}^{\langle K \rangle} z_\gamma^{\langle K-1 \rangle}\right)}{\partial z_\zeta^{\langle K-1 \rangle}} = W_{\lambda \zeta}^{\langle K \rangle}$$

第 3 因子 $\partial \boldsymbol{z}^{\langle K-1 \rangle}/\partial \boldsymbol{a}^{\langle K-1 \rangle}$ を求めるには $\boldsymbol{z}^{\langle K-1 \rangle} = \boldsymbol{f}(\boldsymbol{a}^{\langle K-1 \rangle})$ を使って $\boldsymbol{f}$ を使った形に置き換える．$\boldsymbol{f}$ はベクトル値関数であるが，その成分 $f_\zeta(\boldsymbol{a})$ を $\boldsymbol{a}$ の各成分で微分すればよい．式 (4.32) より $\zeta < \mathfrak{n}$ について $f_\zeta(\boldsymbol{a}) = \psi(a_\zeta)$ と定義されており，$f_\zeta(\boldsymbol{a})$ は a_ζ 以外を引数として持たない．そのため $\xi \neq \zeta$ の場合は $\partial f_\zeta/\partial a_\xi^{\langle K-1 \rangle} = 0$ になることに注意する．

問 5-5 式 (5.25) の第 3 因子 $\partial \boldsymbol{z}^{\langle K-1 \rangle}/\partial \boldsymbol{a}^{\langle K-1 \rangle}$ を求めよ．ただし活性化関数を並べたベクトル値関数 $\boldsymbol{f}$ から得られるヤコビ行列を $\boldsymbol{f}'$ で表してよい．

［解答］ヤコビ行列を成分ごとに求める．(ζ, ξ) 成分は以下になる．
$$\left(\frac{\partial \boldsymbol{z}^{\langle K-1 \rangle}}{\partial \boldsymbol{a}^{\langle K-1 \rangle}}\right)_{\zeta \xi} = \left(\frac{\partial \boldsymbol{f}(\boldsymbol{a}^{\langle K-1 \rangle})}{\partial \boldsymbol{a}^{\langle K-1 \rangle}}\right)_{\zeta \xi} = \frac{\partial f_\zeta(\boldsymbol{a}^{\langle K-1 \rangle})}{\partial a_\xi^{\langle K-1 \rangle}} = \boldsymbol{f}' \tag{5.29}$$

5.4 誤差逆伝播法（バックプロパゲーション）

ただし f' は以下のように定義される行列である．ψ' は活性化関数 ψ を微分したものである．

$$f'_{\zeta\xi} = \begin{cases} \psi' & (\zeta = \xi) \\ 0 & (\zeta \neq \xi) \end{cases} \tag{5.30}$$

第四因子 $\partial a^{\langle K-1 \rangle}/\partial W^{\langle K-1 \rangle}$ は列ベクトルをスカラーで微分しているので列ベクトルであるが，その成分は式 (5.17) ですでに求めているのと同じ形である．違いは a でなく $a^{\langle K-1 \rangle}$ を，W でなく $W^{\langle K-1 \rangle}$ を使用するだけである．

問 5-6 式 (5.25) の第四因子 $\partial a^{\langle K-1 \rangle}/\partial W^{\langle K-1 \rangle}_{\mu\nu}$ を求めよ．

[解答]
$$\left(\frac{\partial a^{\langle K-1 \rangle}}{\partial W^{\langle K-1 \rangle}_{\mu\nu}} \right)_\xi = \frac{\partial a^{\langle K-1 \rangle}_\xi}{\partial W^{\langle K-1 \rangle}_{\mu\nu}} \tag{5.31}$$

$$= \frac{\partial (W^{\langle K-1 \rangle} z^{\langle K-2 \rangle})_\xi}{\partial W^{\langle K-1 \rangle}_{\mu\nu}} = I_{\xi\mu} z^{\langle K-2 \rangle}_\nu$$

ただし $I_{\xi\mu}$ は $\xi = \mu$ の時は 1 で，それ以外では 0 である．

問 5-7 式 (5.27) の行ベクトル，式 (5.28) の行列，式 (5.29) の行列，式 (5.31) の列ベクトルを掛け合わせて得られる $\partial L/\partial W^{\langle K-1 \rangle}_{\mu\nu}$ を求めよ．

[解答] 行列の積は式 (3.16) で示したように，内側にある添え字について総和を求めることで得られる．ただし $\sum_\lambda \sum_\zeta \sum_\xi$ をまとめて $\sum_{\lambda,\zeta,\xi}$ で表した．

$$\frac{\partial L}{\partial W^{\langle K-1 \rangle}_{\mu\nu}} = \sum_{\lambda,\zeta,\xi} (S_\lambda(a^{\langle K \rangle}) - y_\lambda) W^{\langle K \rangle}_{\lambda\zeta} f'_{\zeta\xi} I_{\xi\mu} z^{\langle K-2 \rangle}_\nu \tag{5.32}$$

$f'_{\zeta\xi} I_{\xi\mu}$ を掛けることにより，総和 $\sum_\zeta \sum_\xi$ のうち，$\zeta = \xi = \mu$ となる項しか残らない．また，$\sum_\lambda$ はベクトルの積を使って表せるので，以下が得られる．ただし $W^{\langle K \rangle}_{:\mu}$ は重み行列 $W^{\langle K \rangle}$ の第 μ 列である．

$$\frac{\partial L}{\partial W^{\langle K-1 \rangle}_{\mu\nu}} = (S(a^{\langle K \rangle}) - y)^T W^{\langle K \rangle}_{:\mu} f' z^{\langle K-2 \rangle}_\nu \tag{5.33}$$

あとは真の分布 $q(\boldsymbol{x},\boldsymbol{y})$ による期待値の代わりに，バッチから得られる経験分布 $\tilde{q}$ を使って期待値を求めればよい．

問 5-8 $\partial L/\partial W^{\langle K-1\rangle}_{\mu\nu}$ について，バッチから得られる経験分布 $\tilde{q}$ による期待値を求めよ．

[解答]
$$\begin{aligned}\frac{\partial \tilde{J}}{\partial W^{\langle K-1\rangle}_{\mu\nu}} &= E_{\tilde{q}(\boldsymbol{x},\boldsymbol{y})}\left[\frac{\partial L}{\partial W^{\langle K-1\rangle}_{\mu\nu}}\right] \\ &= E_{\tilde{q}(\boldsymbol{x},\boldsymbol{y})}\left[(S(\boldsymbol{a}^{\langle K\rangle})-\boldsymbol{y})^T \boldsymbol{W}^{\langle K\rangle}_{:\mu} \boldsymbol{f}' z^{\langle K-2\rangle}_{\nu}\right] \\ &= \frac{1}{\tilde{n}}\sum_{i=1}^{\tilde{n}}(S(\boldsymbol{a}^{\langle K,i\rangle})-\boldsymbol{y}^{(i)})^T \boldsymbol{W}^{\langle K\rangle}_{:\mu} \boldsymbol{f}' z^{\langle K-2,i\rangle}_{\nu}\end{aligned} \quad (5.34)$$

5.4.4 逆伝播で間違いを伝えていく

第 $K-2$ 層についての勾配を求めるのにも同様に連鎖律が使える．

$$\frac{\partial L}{\partial W^{\langle K-2\rangle}_{\mu\nu}} = \frac{\partial L}{\partial \boldsymbol{a}^{\langle K\rangle}}\frac{\partial \boldsymbol{a}^{\langle K\rangle}}{\partial \boldsymbol{z}^{\langle K-1\rangle}}\frac{\partial \boldsymbol{z}^{\langle K-1\rangle}}{\partial \boldsymbol{a}^{\langle K-1\rangle}}\frac{\partial \boldsymbol{a}^{\langle K-1\rangle}}{\partial \boldsymbol{z}^{\langle K-2\rangle}}\frac{\partial \boldsymbol{z}^{\langle K-2\rangle}}{\partial \boldsymbol{a}^{\langle K-2\rangle}}\frac{\partial \boldsymbol{a}^{\langle K-2\rangle}}{\partial W^{\langle K-2\rangle}_{\mu\nu}} \quad (5.35)$$

このうち，右辺の先頭の三つの因子は $\partial L/\partial W^{\langle K-1\rangle}_{\mu\nu}$ を求める時にすでに計算している．つまり前項での計算結果を再利用できる．誤差逆伝播法では出力に近い側から勾配の計算をスタートしているので，それより遠い層についての勾配の計算に使えるのである．右辺の先頭の三つの因子の積は連鎖律により $\partial L/\partial \boldsymbol{a}^{\langle K-1\rangle}$ とも書ける．前節の計算を行った際，これを残しておくとよさそうである．最後の三つの因子に関しても，前節の方法で（ただし添え字を変えて）求められる．

第 $K-3$ 層から第 1 層についても，同様の形で $\partial L/\partial W^{\langle \ell\rangle}_{\mu\nu}$ の計算が行える．連鎖律を使うと，そのほとんどの因子は出力に近い側の層での微分の際にすでに求められているので，それに層 ℓ についての微分を掛けるだけである．目的とする微分である $\partial L/\partial W^{\langle \ell\rangle}_{\mu\nu}$ に対して連鎖律を使って展開し，式 (5.31)，式

(5.28), 式 (5.29) の K や $K-1$ を ℓ や $\ell-1$ に書き換えて使うことで，以下が得られる．なお，$I_{:\mu}$ は単位行列の第 μ 列であり，μ 番目の成分のみが 1 で残りの成分が 0 であるベクトルである．

$$\frac{\partial L}{\partial W^{\langle\ell\rangle}_{\mu\nu}} = \frac{\partial L}{\partial \boldsymbol{a}^{\langle\ell\rangle}} \frac{\partial \boldsymbol{a}^{\langle\ell\rangle}}{\partial W^{\langle\ell\rangle}_{\mu\nu}} = \frac{\partial L}{\partial \boldsymbol{a}^{\langle\ell\rangle}} \boldsymbol{I}_{:\mu} z^{\langle\ell-1\rangle}_\nu = \left(\frac{\partial L}{\partial \boldsymbol{a}^{\langle\ell\rangle}}\right)_\mu z^{\langle\ell-1\rangle}_\nu \tag{5.36}$$

$$\frac{\partial L}{\partial \boldsymbol{a}^{\langle\ell-1\rangle}} = \frac{\partial L}{\partial \boldsymbol{a}^{\langle\ell\rangle}} \frac{\partial \boldsymbol{a}^{\langle\ell\rangle}}{\partial \boldsymbol{z}^{\langle\ell-1\rangle}} \frac{\partial \boldsymbol{z}^{\langle\ell-1\rangle}}{\partial \boldsymbol{a}^{\langle\ell-1\rangle}} = \frac{\partial L}{\partial \boldsymbol{a}^{\langle\ell\rangle}} \boldsymbol{W}^{\langle\ell\rangle} \boldsymbol{f}' \tag{5.37}$$

式 (5.37) では $\partial L/\partial \boldsymbol{a}^{\langle\ell\rangle}$ を使って $\partial L/\partial \boldsymbol{a}^{\langle\ell-1\rangle}$ を定義している．このような定義を**再帰的定義** (recursive definition) と呼ぶ[*1]．式 (5.27) で求められる $\partial L/\partial \boldsymbol{a}^{\langle K\rangle}$ から出発し，ℓ を減らしながら繰り返し式 (5.37) を使っていけば，$\ell = 1$ までのすべての $\partial L/\partial \boldsymbol{a}^{\langle\ell\rangle}$ が求まる．これがまさしく逆伝播である．

ふたたび成績評価の例を使って説明すると，「理解力」「表現力」「熱意」などの各潜在的指標がどれだけ学生の活躍の有無に貢献するかを表すのが $\partial L/\partial \boldsymbol{W}^{(2)}$ である．ただし 4.9 節で述べたように，隠れ層のユニットがどのような潜在的指標を表すようになるかはデータ依存であり，「理解力」「表現力」「熱意」といった名称を付けず，未知の潜在的指標といった方が正確かもしれない．試験やレポートの成績がどれだけこれらの潜在的指標に影響を与えるかを決める重みが $\boldsymbol{W}^{(1)}$ である．この重み行列が損失関数にどれだけ影響を与えられるかは，それぞれの潜在的指標の損失関数に対する貢献度を表す $\partial L/\partial \boldsymbol{W}^{(2)}$ に依存する．この依存関係を定量的に表しているのがヤコビ行列の連鎖律である．

5.4.5 デルタの更新規則

式 (5.27) は予測値ベクトル $\boldsymbol{S}(\boldsymbol{a}^{\langle K\rangle})$ と正解値ベクトル $\boldsymbol{y}$ の差であり，誤差ベクトルと呼べる．そこで $\partial L/\partial \boldsymbol{a}^{\langle K\rangle}$ を差 (difference) の頭文字 d に対応するギリシャ文字を使い，$\boldsymbol{\delta}$（デルタ）と名づける[*2]．

$$\boldsymbol{\delta}^{\langle K\rangle} = \frac{\partial L}{\partial \boldsymbol{a}^{\langle K\rangle}} = (\boldsymbol{S}(\boldsymbol{a}^{\langle K\rangle}) - \boldsymbol{y})^T \tag{5.38}$$

[*1] 式 (5.5) による多層パーセプトロンの定義も再帰的定義である．
[*2] もちろん，損失関数にクロスエントロピーを使い，出力ユニットにソフトマックス関数を使うという組み合わせでない場合は式 (5.38) の最右辺は異なってくる．

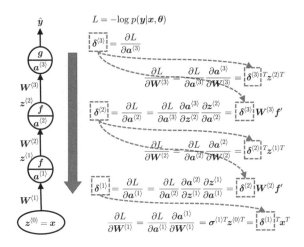

図 5.6 デルタの更新規則. 左のネットワークでは各層ごとにユニット集合をひとつにまとめて表している. L の微分によって $\boldsymbol{\delta}^{(3)}$ が計算されたのち, それを使って $\partial L/\partial \boldsymbol{W}^{(3)}$ と $\boldsymbol{\delta}^{(2)}$ が計算される. $\boldsymbol{\delta}^{(2)}$ は $\partial L/\partial \boldsymbol{W}^{(2)}$ と $\boldsymbol{\delta}^{(1)}$ の計算に使用される. 最後に $\boldsymbol{\delta}^{(1)}$ が $\partial L/\partial \boldsymbol{W}^{(1)}$ の計算に使用される.

誤差逆伝播法は誤差ベクトル $\boldsymbol{\delta}^{\langle K \rangle}$ を多数のヤコビ行列によって変換して入力側に伝えているとも解釈できる. そこでヤコビ行列による変換後の誤差ベクトル, すなわち一般の ℓ についてのデルタ $\boldsymbol{\delta}^{\langle \ell \rangle}$ を以下のように定義する.

$$\boldsymbol{\delta}^{\langle \ell \rangle} = \frac{\partial L}{\partial \boldsymbol{a}^{\langle \ell \rangle}} \tag{5.39}$$

すなわちデルタは活性による L の勾配である. 上式の右辺はまさに式 (5.37) で再帰的に定義された勾配 $\partial L/\partial \boldsymbol{a}^{\langle \ell \rangle}$ であるので, デルタについて以下の再帰的な定義が得られる.

$$\boldsymbol{\delta}^{\langle \ell-1 \rangle} = \boldsymbol{\delta}^{\langle \ell \rangle} \boldsymbol{W}^{\langle \ell \rangle} \boldsymbol{f}' \tag{5.40}$$

これは $\boldsymbol{\delta}^{\langle \ell \rangle}$ に右から $\boldsymbol{W}^{\langle \ell \rangle} \boldsymbol{f}'$ を掛けるという変換を行うことで $\boldsymbol{\delta}^{\langle \ell-1 \rangle}$ が得られることを表している. ℓ は層の番号を表すので, $\boldsymbol{\delta}^{\langle \ell \rangle}$ から $\boldsymbol{\delta}^{\langle \ell-1 \rangle}$ に進むことは入力層に近づくことを意味する. この再帰的な定義をデルタの逆伝播則あるいはデルタの更新規則 (delta rule) と呼ぶ. 誤差逆伝播法という名称も誤差を変換して伝えていると捉えられることからきている. この仕組みを図 5.6 にまとめた.

> **デルタの計算**
> 第 $\ell+1$ 層についてのデルタ $\boldsymbol{\delta}^{\langle\ell+1\rangle}$ と $\boldsymbol{W}^{\langle\ell+1\rangle}\boldsymbol{f}'$ を掛けることで第 ℓ 層についてのデルタ $\boldsymbol{\delta}^{\langle\ell\rangle}$ を求める．ただし第 K 層については $\boldsymbol{\delta}^{\langle K\rangle}=\partial L/\partial \boldsymbol{a}^{\langle K\rangle}$ で求める．

デルタが求まれば式 (5.36) と式 (5.39) から得られる以下の式によってパラメータ更新のための勾配が求まる．

$$\frac{\partial L}{\partial W^{\langle\ell\rangle}_{\mu\nu}} = \delta^{\langle\ell\rangle}_\mu z^{\langle\ell-1\rangle}_\nu \tag{5.41}$$

右辺は行列 $\boldsymbol{\delta}^{\langle\ell\rangle T}\boldsymbol{z}^{\langle\ell-1\rangle T}$ の (μ,ν) 成分とみなせる．左辺を行列 $\partial L/\partial \boldsymbol{W}^{\langle\ell\rangle}$ の (μ,ν) 成分とみなすと，以下の簡潔な表記も得られる．

$$\frac{\partial L}{\partial \boldsymbol{W}^{\langle\ell\rangle}} = \boldsymbol{\delta}^{\langle\ell\rangle T}\boldsymbol{z}^{\langle\ell-1\rangle T} \tag{5.42}$$

各 ℓ について $\partial L/\partial \boldsymbol{W}^{\langle\ell\rangle}$ を求めるにあたり，もし入力側にもっとも近い $\partial L/\partial \boldsymbol{W}^{\langle 1\rangle}$ から計算を始め，しかも途中で計算したヤコビ行列を保存しないとしたら，$\partial L/\partial \boldsymbol{W}^{\langle 2\rangle}$ を計算する際にまったく同じヤコビ行列の連鎖を再度計算することになる．逆伝播では $\partial L/\partial \boldsymbol{W}^{\langle K\rangle}$ から計算を始めることでそのような無駄が防げる．もちろん，$\partial L/\partial \boldsymbol{W}^{\langle 1\rangle}$ から計算を始めるのであっても，ヤコビ行列をすべて保存して再利用すれば計算の無駄は生じない．しかし隠れ層の数が数千にもなる深層学習の場合，すべての層についてのヤコビ行列を保存することは記憶容量の点でコストが大きすぎる．逆伝播では $\boldsymbol{\delta}^{\langle\ell\rangle}$ を保存して再利用するだけでよく，ヤコビ行列の保存は必要ないので，記憶容量の点で大幅にメリットがある．

> **勾配の計算**
> サンプル i ごとに $\boldsymbol{\delta}^{\langle\ell,i\rangle}$ と $\boldsymbol{z}^{\langle\ell-1,i\rangle}$ を掛けて $(\partial L/\partial \boldsymbol{W}^{\langle\ell\rangle})^{(i)}$ を求める．

確率的勾配降下法を使った場合の誤差逆伝播法のアルゴリズムを疑似コード

にまとめた．ただしサンプル i について求めた活性を $\boldsymbol{a}^{\langle \ell,i \rangle}$，サンプル i についての勾配を $(\partial L/\partial \boldsymbol{a}^{\langle K \rangle})^{(i)}$ のように表している．また，ここまでの説明において枠で囲って示した手順に対応する行を【順伝播】のように示している．

アルゴリズム / 確率的勾配降下法による誤差逆伝播法

入力：入力 $\boldsymbol{x}^{(i)}$ と正解値 $\boldsymbol{y}^{(i)}$ のペアの集合
出力：各 ℓ についての重み行列 $\boldsymbol{W}^{\langle \ell \rangle}$
　各 ℓ について重み行列 $\boldsymbol{W}^{\langle \ell \rangle}$ を初期化
　while 損失関数 $\tilde{J}$ が目標値以上
　　訓練データの中からバッチを取り出す．
　　バッチに属す $\{(\boldsymbol{x}^{(1)},\boldsymbol{y}^{(1)}),...,(\boldsymbol{x}^{(\tilde{n})},\boldsymbol{y}^{(\tilde{n})})\}$ について以下を繰り返す．
　　順伝播：
　　　for $i=1$ to $\tilde{n}$
　　　　$\boldsymbol{z}^{\langle 0,i \rangle} = \boldsymbol{x}^{(i)}$
　　　　for $\ell = 1$ to K
　　　　　$\boldsymbol{a}^{\langle \ell,i \rangle} = \boldsymbol{W}^{\langle \ell \rangle} \boldsymbol{z}^{\langle \ell-1,i \rangle}$ を計算する．
　　　　　$\boldsymbol{z}^{\langle \ell,i \rangle} = \boldsymbol{f}(\boldsymbol{a}^{\langle \ell,i \rangle})$ を計算する．【各層の出力の計算】
　　逆伝播：
　　　for $i=1$ to $\tilde{n}$
　　　　$\boldsymbol{\delta}^{\langle K,i \rangle} = (\partial L/\partial \boldsymbol{a}^{\langle K \rangle})^{(i)}$ を計算する．【デルタの計算】
　　　　for $\ell = K$ to 1
　　　　　$(\partial L/\partial \boldsymbol{W}^{\langle \ell \rangle})^{(i)} = \boldsymbol{\delta}^{\langle \ell,i \rangle T} \boldsymbol{z}^{\langle \ell-1,i \rangle T}$ を計算する．【勾配の計算】
　　　　　$\boldsymbol{\delta}^{\langle \ell-1,i \rangle} = \boldsymbol{\delta}^{\langle \ell,i \rangle} \boldsymbol{W}^{\langle \ell \rangle} \boldsymbol{f}'$ を計算する．【デルタの計算】
　　　$\partial \tilde{J}/\partial \boldsymbol{W}^{\langle \ell \rangle} = (1/\tilde{n}) \sum_{i=1}^{\tilde{n}} (\partial L/\partial \boldsymbol{W}^{\langle \ell \rangle})^{(i)}$ を計算する．
　　　重み行列 $\boldsymbol{W}^{\langle \ell \rangle}$ から $\eta \partial \tilde{J}/\partial \boldsymbol{W}^{\langle \ell \rangle}$ を引く．【パラメータ更新】

なお，損失関数としてクロスエントロピーを使わない場合，あるいは出力関数としてソフトマックス関数を使わない場合も，誤差逆伝播法は同様に使用できる．$\partial L/\partial \boldsymbol{a}^{\langle K \rangle}$ が変わるだけであり，残りの計算は同じである．

5.4.6 勾配消失問題

デルタの更新規則を表す式 (5.40) では右辺で $\boldsymbol{f}'$ が掛けられているが，$\boldsymbol{f}'$ の成分は ψ' と 0 である．もし活性化関数としてシグモイド関数を使用した場合，図 4.3 に示されているように，a の値が 0 から離れるにつれ，微分 ψ' すなわち傾きは 0 に近づく．実際，式 (3.35) で示したように，シグモイド関数の微分は $\sigma(a)(1-\sigma(a))$ であるため，$a \to \infty$ で $\sigma(a) \to 1$ でも，$a \to -\infty$ で $\sigma(a) \to 0$

でも微分 $\sigma'(a)$ は 0 に近づく．このように引数の値が大きくあるいは小さくなるにつれ，微分が 0 に近づく性質を**飽和的非線形性** (saturating nonlinearity) と呼ぶ．

デルタは再帰的に定義され，繰り返し ψ' が掛けられるため，出力層から離れるに従い $\boldsymbol{\delta}^{\langle\ell\rangle}$ が急速に小さくなっていく．パラメータ更新のための勾配 $\partial \tilde{J}/\partial \boldsymbol{W}$ はデルタから求まるので，出力層から離れた隠れ層の重み行列はほとんど更新されなくなる．これは**勾配消失問題** (vanishing gradient problem) と呼ばれ，長年ニューラルネットワークの研究者を悩ませてきた課題であった．層の数が増えるにつれてデルタが減衰していくため，浅いネットワークでは問題にならないが，深いネットワークに学習させることが困難だった．しかしこの問題は 4.10 節で述べた ReLU を使うことであっさり解決した．これは式 (4.34) に示されている通り，ReLU は正の領域では微分が 1 であり，引数がいくら大きくても 0 に近づかないからである．これは飽和的非線形性を持たないということである．活性化関数に ReLU を使用して勾配消失問題を解決したことは，深層学習の爆発的な発展の一因であった．

なお，7 章で述べる再帰型ニューラルネットワークの場合，活性化関数の微分ではなく重み行列を繰り返し掛けることで生じる勾配消失問題が存在し，別の形での対策が行われている．

5.4.7 順伝播と逆伝播の反復

逆伝播のフェーズでは $\partial \tilde{J}/\partial \boldsymbol{W}^{\langle K \rangle}$ から $\partial \tilde{J}/\partial \boldsymbol{W}^{\langle 1 \rangle}$ までを求め，重み行列の更新を行う．それが終わった後，別のバッチ（サンプル集合）を使い，ふたたび順伝播を行う．それが出力ユニットまで到達したら，ふたたび逆伝播が行われる．これを繰り返して重み行列を更新していくことが誤差逆伝播法である．

各バッチを構成するサンプルは訓練データの集合から順番に取り出されることも多い．それでも確率的勾配降下法が確率的なアルゴリズムとみなせるのは，訓練データをあらかじめシャッフル（ランダムに並べ替え）しておくことが多いためである．

バッチを次々に取り出していき，訓練データすべてを使い終えた時，ひとつの**エポック** (epoch) が終わったと表現する．確率的勾配降下法ではあらかじめ

定めた条件を満たすまでエポックを繰り返してパラメータを更新する．深層学習ではどれだけ学習を行ったかの度合いをエポック数で表現することが多い．

本章では多層ニューラルネットワークを例にして誤差逆伝播法を説明したが，一般の順伝播型ネットワークにおいても同じように出力に近い側から微分を計算し，遠いものに向かってデルタを伝えていくという流れは同じである[*3]．

5.5 適応的最適化

確率的勾配降下法では $\Delta\boldsymbol{\theta}^{(t)} = -\eta^{(t)}(\boldsymbol{\nabla}_{\boldsymbol{\theta}^{(t)}}\tilde{J})^T$ によってパラメータの更新が行われる．効果的な学習を行うには学習率 $\eta^{(t)}$ を適切に定めなくてはならないという課題がある．それに加え，パラメータ空間において損失関数が大きく変化する方向とそうでない方向が存在する時[*4]，適切な学習率を決めることが難しい．これはある方向について適切な学習率の値が別の方向については適切でないためである．このため勾配の方向に進むことは必ずしも最適でないことが多い．

近年主流になっているパラメータ更新手法では学習率 $\eta^{(t)}$ を調整するのではなく，パラメータ更新の方向である $\Delta\boldsymbol{\theta}^{(t)}$ 自体が調整される．このような手法では，たとえば現在の時点 t での勾配 $\boldsymbol{\nabla}_{\boldsymbol{\theta}^{(t)}}\tilde{J}$ だけを使って $\Delta\boldsymbol{\theta}^{(t)}$ を決めるのではなく，過去の時点における勾配も利用して進む方向 $\Delta\boldsymbol{\theta}^{(t)}$ を決定する．すなわち $\boldsymbol{g}^{(t)} = (\boldsymbol{\nabla}_{\boldsymbol{\theta}^{(t)}}\tilde{J})^T$ とした時，その過去の値 $\boldsymbol{g}^{(t-1)}$, $\boldsymbol{g}^{(t-2)}$, ..., $\boldsymbol{g}^{(0)}$ も使用して $\Delta\boldsymbol{\theta}^{(t)}$ が決定される．

このような手法は**適応的最適化** (adaptive optimization) と呼ばれるが，その手法のひとつである **AdaGrad** は <u>ada</u>ptive **grad**ient（適応的な勾配）から名前が付けられており，各パラメータにつき，過去の勾配の二乗和の平方根に反比例するように $\Delta\boldsymbol{\theta}^{(t)}$ が設定される．以下の式では $\boldsymbol{r}^{(t)}$ はステップ t での勾配について，成分ごとに二乗和を求めて並べたベクトルである．また，ϵ は学

[*3] タスクが複数の部分問題から構成され，それぞれの部分問題の間に依存関係が存在する時，計算済みの結果を表（メモ）の形で書き残しておくことで不要な再計算を防ぎ，効率的に解いていく手法を**動的計画法** (dynamic programming) と呼ぶ．誤差逆伝播法の場合は各層で微分を求めることが部分問題であり，デルタを保存することがメモ化 (memoization) に対応する．

[*4] これは損失関数のヘッセ行列の条件数が大きいことに相当する．

5.5 適応的最適化

習率に相当する値であり，δ は 0 で割ることを避けるために導入される小さな値である．分数 $\epsilon/(\delta + \sqrt{r^{(t)}})$ は $r^{(t)}$ の成分ごとに平方根を求め，δ を足して ϵ を割ることで得られるベクトルである．$\odot$ は 3.2 節で述べたアダマール積であり，成分ごとに積を求めることを表す．

$$r^{(t)} = \sum_{\tau=1}^{t} (g^{(\tau)} \odot g^{(\tau)}) \tag{5.43}$$

$$\Delta \theta^{(t)} = -\frac{\epsilon}{\delta + \sqrt{r^{(t)}}} \odot g^{(t)}$$

AdaGrad は過去の微分の二乗を $r^{(t)}$ に足していくだけなので，はるか昔の勾配がいつまでも残って影響を与え続けてしまうことが問題になる．そこで AdaGrad を改良した **RMSProp** では係数 $\rho < 1$ を使い，過去の $g^{(t)} \odot g^{(t)}$ を減衰させる．係数 ρ は手動で設定するか，多数の値を試し，最適な値を選ぶ必要がある．

$$r^{(0)} = \mathbf{0} \tag{5.44}$$

$$r^{(t)} = \rho r^{(t-1)} + (1-\rho)(g^{(t)} \odot g^{(t)}) \quad (t > 0)$$

$$\Delta \theta^{(t)} = -\frac{\epsilon}{\delta + \sqrt{r^{(t)}}} \odot g^{(t)}$$

Adam は RMSProp にモーメント (moment) の考え方を加えた手法であり，<u>ada</u>ptive <u>m</u>oment の略である．3.6 節で述べたように，統計学では確率変数 a の平均を 1 次モーメント，a^2 の平均を 2 次モーメントと呼ぶ．一方，各サンプル $a^{(i)}$ に重みを掛けた上で足し合わせ，サンプル数で割ることを**重み付き平均** (weighted average) と呼ぶが，言い換えれば重み付き 1 次モーメントである．同様に各 $a^{(i)}$ の二乗に重みを掛けた上で足し合わせ，サンプル数で割ったものは重み付き 2 次モーメントである．Adam では過去の勾配について，重み付き 1 次モーメントと重み付き 2 次モーメントを求め，それらを使って 3.6 節で述べた標準化に相当する変換を行う．これによって勾配の統計分布の変化によらず，安定したパラメータ更新が行われることを期待するものである．ステップ t における重み付き 1 次モーメントを並べたベクトルを $s^{(t)}$，重み付き 2 次モーメントを並べたベクトルを $r^{(t)}$ で表し，また，過去の情報を減衰させるための重みとして ρ_1 と ρ_2 の 2 種を使う．

$$s^{(0)} = 0 \tag{5.45}$$
$$s^{(t)} = \rho_1 s^{(t-1)} + (1-\rho_1) g^{(t)} \qquad (t>0)$$
$$\hat{s}^{(t)} = \frac{s^{(t)}}{1-\rho_1^t}$$
$$r^{(0)} = 0$$
$$r^{(t)} = \rho_2 r^{(t-1)} + (1-\rho_2)(g^{(t)} \odot g^{(t)}) \qquad (t>0)$$
$$\hat{r}^{(t)} = \frac{r^{(t)}}{1-\rho_2^t}$$
$$\Delta \theta^{(t)} = -\frac{\epsilon \hat{s}^{(t)}}{\delta + \sqrt{\hat{r}^{(t)}}}$$

本節で述べたいずれの手法でも勾配 $g^{(t)} = (\nabla_{\theta^{(t)}} \tilde{J})^T$ 自体を求める必要はあるが，過去に求めた勾配も利用してパラメータの更新方法を決定するというのがこれらの適応的な手法の特徴である．

5.6 ドロップアウト

深層学習の特徴のひとつはその自由度の高さである．すなわちパラメータの数が多いため，多様な入出力関係が表現できる．しかしその中には訓練データに対してフィットしすぎる関数が存在するため，オーバーフィッティングが問題となる．正則化 (regularization) は複雑なモデルに対しペナルティ（ハンデ）を与えることで単純なモデルを有利にする手法であり，機械学習全般で広く使われている．すなわち複雑なモデルを取り除いてしまうのではなく，本当に必要な時のみそれが選ばれるようにする．

深層学習において正則化の手法として非常に有効とされているもののひとつがドロップアウト (dropout) である．これは訓練の際，隠れユニットの集合を繰り返しランダムに二つのグループに分け，一方のグループのみからなる部分ネットワークを訓練することを繰り返す手法である．言い換えれば全体の何割かのユニットを取り除いた上で訓練を行う．その例を図5.7に示した．小さなネットワークはパラメータ数が少ないため，そのようなネットワークを訓練することは正則化に相当する．

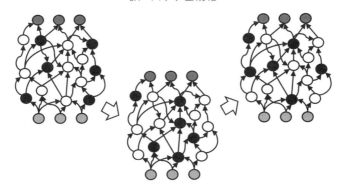

図 5.7　ドロップアウトの例．各ステップでは白く塗られた隠れユニットのみが使われ，黒く塗られたユニットは使用されない．

ユニットが多数存在すると，その一部だけでも十分な予測ができてしまい，「怠ける」ユニットが出てくる．ドロップアウトによって何割かのユニットをつねに休ませることで，どのユニットも予測に貢献しなくてはならなくなる．会社において時折，エース社員たちが長期休暇を取るようにすると，平均的な社員も責任を持って仕事するようになり，全体としての能力が高まるようなものである．

予測時にはすべてのユニットが使用されるが，訓練時に得られた重みをそのまま使用すると，各ユニットが受け取る入力が訓練時より大きくなってしまうという問題が生じる．たとえば訓練時に半分のユニットを休ませる場合，予測時には訓練時と比較して2倍のユニットが活動することになり，各ユニットが他のユニットから受ける入力の大きさは2倍になる．すなわち訓練時に休ませるユニットの割合がpであるとすると，予測時には各ユニットが訓練時に対して$1/p$倍の大きさの入力を受けることになる．そこで予測時にはすべての結合の重みにpを掛けるという操作が行われる．これによって各ユニットは訓練時と同程度の入力を受けることになり，訓練時と同じような予測が行えるようになる．

5.7　バッチ正規化

バッチ正規化 (batch normalization) は深層学習において学習効率を向上さ

せる強力な仕組みである．その目的は統計的分布の時間的変化による影響を標準化によって吸収させることである．入力層に渡されるデータの統計的な分布が時間とともに変化していくと，ニューラルネットワークの学習が困難になることは古くから知られていた．このような現象は共変量シフト (covariate shift) と呼ばれる．共変量とは統計学の用語であり，データの属性のうち，予測対象ではないものを指す．入力の統計的分布が変化すると学習器はそれに対応してパラメータを変化させなくてはならず，それがコストとなって学習が非効率化する．予測器の目標は真のメカニズムを表す分布 $q(\boldsymbol{y}|\boldsymbol{x})$ に自らの入出力関係 $p(\boldsymbol{y}|\boldsymbol{x},\boldsymbol{\theta})$ を近づけることである．$q(\boldsymbol{y}|\boldsymbol{x})$ は $\boldsymbol{x}$ の各値についての $\boldsymbol{y}$ の分布であり，入力の分布 $q(\boldsymbol{x})$ とは異なるものであるが，$q(\boldsymbol{x})$ の変化は $q(\boldsymbol{y}|\boldsymbol{x})$ の近似も難しくするということである．

統計的分布の変化が問題となるのは入力層に限らない．学習が進むにつれ，ユニット間の結合の重みが変わるため，隠れユニットが受け取る活性の統計分布は変化していく．この現象を内部共変量シフト (internal covariate shift) と呼ぶ．出力に近い側の層における結合はそれより入力側の層の活性の統計的分布の変化に合わせて更新される必要があり，これが学習の非効率化を招く．そこでバッチ正規化 (batch normalization) では内部共変量シフトに対する対策として，隠れ層の間に標準化を挟む．3.6節で述べたように標準化はベクトルにおける正規化に類似するため，この名称が付けられている．また，バッチとは確率的勾配降下法におけるミニバッチに相当し，小さな集合を表す．

標準化は活性の成分ごとに行う[*5]．ここでは簡単のため，i 番目のサンプルに対する活性ベクトルのひとつの成分を $a^{(i)}$ で表す．複数のサンプルから得られた活性をまとめて得られるバッチを $\mathcal{B}$ で表す．$\tilde{n}$ をバッチサイズとすると，バッチの要素は $a^{(1)},...,a^{(\tilde{n})}$ で表せる．バッチにおける平均 $\mu_{\mathcal{B}}$ と分散 $\sigma_{\mathcal{B}}^2$ は以下のように計算される．

$$\mu_{\mathcal{B}} = \frac{1}{\tilde{n}}\sum_{i=1}^{\tilde{n}} a^{(i)}, \qquad \sigma_{\mathcal{B}}^2 = \frac{1}{\tilde{n}}\sum_{i=1}^{\tilde{n}}(a^{(i)} - \mu_{\mathcal{B}})^2 \tag{5.46}$$

[*5] 機械学習では線形変換によってデータの平均が $\mathbf{0}$ ベクトルに，共分散行列が単位行列なるようにする白色化 (whitening) という操作が前処理として行われることが多いが，それは計算負荷が大きいため，バッチ正規化では成分ごとの標準化を行う．

標準化された $\hat{a}^{(i)}$ は以下のように求まる．ただし ϵ は数値計算の安定性のために入れる小さな値であり，あまりに 0 に近い値での割り算が行われないようにするためのものである．

$$\hat{a}^{(i)} = \frac{a^{(i)} - \mu_{\mathcal{B}}}{\sqrt{\sigma_{\mathcal{B}}^2 + \epsilon}} \tag{5.47}$$

3.6 節で述べたように，データ集合の各サンプルを標準化すると，変換後の集合の平均は 0, 標準偏差は 1 になる．結果としてどの隠れユニットも平均が 0, 標準偏差が 1 の活性を受け取ることになる．しかしそのような分布が隠れユニットの活性化関数に対して適切とは限らない．たとえば図 4.3 に示されているように，シグモイド関数は区間 $[-1, 1]$ ではほとんど直線的である．もっと大きな入力を与えなければ，その非線形性が発揮されない．そこでパラメータ β と γ を導入し，$\hat{a}^{(i)}$ をさらに以下のように変換する．このような変換はアフィン変換と呼ばれる．

$$\breve{a}^{(i)} = \gamma \hat{a}^{(i)} + \beta \tag{5.48}$$

式 (5.47) と式 (5.48) の操作をまとめたものをバッチ正規化変換と呼び，$\mathcal{N}$ で表す．

$$\mathcal{N}(a^{(i)}, \gamma, \beta, \mu_{\mathcal{B}}, \sigma_{\mathcal{B}}^2) = \breve{a}^{(i)} = \frac{\gamma(a^{(i)} - \mu_{\mathcal{B}})}{\sqrt{\sigma_{\mathcal{B}}^2 + \epsilon}} + \beta \tag{5.49}$$

標準化は変換後のデータ集合を平均が 0 で標準偏差が 1 の分布に従わせることであるが，バッチ正規化変換は平均が β で標準偏差が γ である分布に従わせる変換と言える．

パラメータ β と γ は各層の活性の成分ごと，すなわちユニットごとに用意される．β と γ はパラメータ更新によって漸進的に変化していくが，それを除けば活性は固定的な分布に従うことになる．つまり活性の分布が急激に変化しても，それは標準化によって吸収される．しかしその変化が継続的であり，またパフォーマンスを向上させるものであれば，β と γ が変化することでゆっくりと対応できる．これは a の統計分布の変化への対応を重み行列ではなく β と γ に担当させるという見方もできる．また，$\mu_{\mathcal{B}}$ と $\sigma_{\mathcal{B}}^2$ はバッチ $\mathcal{B}$ ごとに計算されるが，β と γ はバッチをまたがって共通である．このためバッチ間で分布のばらつきがある時，それを吸収する働きがある．

式 (5.49) から分かるように，もし $\mu_{\mathcal{B}} = \beta$ かつ $\sigma_{\mathcal{B}} = \gamma$ で $\epsilon = 0$ の場合，$\breve{a}^{(i)} = a^{(i)}$ となる．これは変換が行われないことを意味する．つまりバッチ正規化変換には「変換をまったく行わない」という選択肢も含まれるため，モデルの表現力を低下させない．すなわちバッチ正規化変換を挟んだことで一部の入出力関係が表現できなくなることはない．逆にいえばもしバッチ正規化変換の一部として β と γ によるアフィン変換を入れない場合，モデルの表現力が低下してしまう可能性がある．

バッチ正規化変換を活性すなわち隠れ層への入力に対してでなく，隠れ層の出力に対して行うという方式も考えられるが，活性に対して行う方がよいとされている．これは隠れ層の出力（活性化関数の値）は正規分布と大きく異なる分布に従うため，平均と標準偏差を使って標準化することが適切でないためと言われている[*6]．これに対し，活性は多数の活性化関数の値が足し合わさることで得られているため，その分布が正規分布に近くなり，標準化が有効となっていると考えられる．

なお，式 (5.49) は訓練時に行われる変換であるが，予測時にはバッチでなく全データを使って平均と標準偏差を求め，同様の変換を行う．

章 末 問 題

5-1 出力関数がシグモイド関数，損失関数がクロスエントロピーの時の微分 $\partial L/\partial a$ を求めよ．ただし a はシグモイド関数の引数となる活性である．

ヒント： クロスエントロピー $H(q,p)$ を a の関数として表すのには章末問題 4-5 が使える．

問 5-2〜問 5-8 ではバッチ正規化変換を含むニューラルネットワークにおいて，パラメータを誤差逆伝播法で更新するために必要な勾配を求めていく．$\sigma_{\mathcal{B}}$ が $a^{(i)}$ と $\mu_{\mathcal{B}}$ の関数になっているなど，変数間に依存関係があるため，勾配を求めるのに偏微分ではなく，式 (3.43) で定義した全微分を使うことになる．

[*6] 正規分布は平均と標準偏差によって特徴づけられるが，一般の分布ではそれは言えない．

章末問題

5-2　バッチ正規化変換のパラメータ β と γ を更新するためにはどのような微分を求めたら良いか．また，それをバッチ正規化変換 $\mathcal{N}$ が現れる形で分解するとどうなるか．

5-3　勾配 $d\mathcal{N}/d\beta$ と $d\mathcal{N}/d\gamma$ を求めよ．

5-4　$dL/d\mathcal{N}$ と $d\mathcal{N}/da^{(i)}$ が求まっている時，バッチ正規化変換前の活性 $a^{(i)}$ についてのデルタ $\delta^{\langle a^{(i)} \rangle}$ はどのように求められるか．

5-5　逆伝播の計算に必要な $d\hat{a}^{(i)}/d\mu_B$ と $d\hat{a}^{(i)}/d\sigma_B^2$ を求めよ．σ_B^2 が μ_B の関数でもあることに注意すること．

5-6　$d\mu_B/da^{(i)}$ と $d\sigma_B^2/da^{(i)}$ を求めよ．

5-7　$d\hat{a}^{(i)}/da^{(i)}$ を求めよ．

5-8　逆伝播においてバッチ正規化変換を通してデルタを伝えるために必要な勾配 $d\mathcal{N}/da^{(i)}$ を求めよ．

6 畳み込みニューラルネットワーク

6.1 局所特徴

多くのデータは空間的あるいは時間的である．画像は2次元空間上に色が並べられたものであり，音声は時間軸上に音圧が並んだものである．数学的には時間は空間の一種とみなせる．過去から未来への軸は1次元空間である．この意味で多くのデータは空間的であると言える．

データはベクトルで表せるが，ベクトルの成分の間には順序などの関係性が存在しない．たとえば one-hot 表現で成分がそれぞれ「犬」「猫」「船」「飛行機」を表す場合，それらの間には順序がない．しかし画像や音声などのデータでは隣り合うピクセルや時刻，すなわち成分の間には強い関連がある．そして近接し合う成分同士がまとまって何らかの意味を持った要素を構成することが多い．画像の場合，互いに近いピクセルがまとまることで境界線やテクスチャが作られ，それがさらに集まって物体の一部分を形成する．最終的にその集まりが物体の形を作る．音声では音圧が特定の形で並ぶことで子音や母音などの音が作られ，それをさらに組み合わせて音素が作られる．音素の並びから単語が作られ，文を作り，読者に何らかの意味を伝える．

ベクトルにおいて互いに近接する複数の成分の値を組み合わせることで作られる特徴を**局所特徴** (local feature) と呼ぶ．複数の成分を組み合わせて作られているため，局所特徴は 4.9 節で述べた潜在的特徴の一種である．

6.1 局所特徴

図 6.1 に示したように，建物の画像は窓や扉などの局所特徴が組み合わさることで作られている．そして窓や扉はさらに縦線や横線，斜め線といった簡単な局所特徴が組み合わさることで作られている．このため局所特徴を階層的に検出していくことで画像に何が映っているかの判定が行えると考えられる．

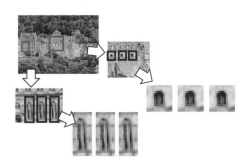

図 6.1 画像における局所特徴の例．窓や扉などは建物に一般的に現れる局所特徴であり，画像に映っているのが建物であることの判定に使用できる．また，これらの局所特徴はより単純な縦線や横線，斜め線の組み合わせでできている．

本章で述べる畳み込みニューラルネットワーク (convolutional neural network, **CNN**) は多くのデータが局所特徴を持つという性質を利用したニューラルネットワークである．CNN はデータ中の局所特徴を検出して予測に利用する．また，そもそもどのような局所特徴が存在するのかを訓練データから学習する仕組みを備えている．それはユニット間の結合を限定することで実現させる．

前章までに述べた多層ニューラルネットワークでは，第 ℓ 層のすべてのユニットが第 $\ell+1$ 層のすべてのユニットと結合していた．また，ユニット間の結合の強さはそれぞれが独立の値を持っていた．隣接する二つの層のすべてのユニット間で網羅的に結合が存在することを**全結合** (fully-connected) と呼ぶ．ネットワーク構造を図を使って表す場合，FC と略されることも多い．結果として層間の結合の強さは重み行列 $\boldsymbol{W}^{(\ell)}$ で表すことができた．

すべての層の間で全結合である多層ニューラルネットワークが，**全結合型ニューラルネットワーク** (fully-connected neural network, **FCN**) である．これに対し，CNN ではユニット間の結合が空間的に局所的なものに限定される．また，複数の結合の間で重みが同一でなくてはならないという制約，すなわちパ

ラメータ共有 (parameter sharing) が行われる．このため CNN のパラメータ
は重み行列ではなく次節で説明する**カーネル** (kernel)[*1] によって表現される．

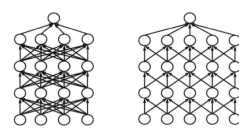

図 **6.2**　（左）全結合型ニューラルネットワーク（FCN）と（右）畳み込みニューラル
ネットワーク（CNN）の例．FCN では層の間でユニットが互いに網羅的に結
合している．CNN では層間で空間的に近接するユニット同士しか結合してい
ない．

　図 6.2 の FCN において，一部の結合の重みを 0 とし，また複数の重みがパラ
メータ共有によって同じ値を持つようにすることで，CNN と同じ入出力関係を
実現できる．つまり FCN が学習の結果，CNN と同じ入出力関係を持つことは
起こりうる．言い換えれば FCN の方が CNN よりも表現できる入出力関係の種
類が多い．しかし 2 章で述べたように，表現力が高すぎるモデルは訓練データ
にオーバーフィッティングしてしまう可能性が高い．それならば適切と思われ
る構造にネットワークをあらかじめ限定しておき，その枠内で学習を行った方
が効率的なのではないか，というのが CNN の発想である．具体的には，CNN
は次節以降で解説する畳み込み層とプーリング層を交互に重ねることで作られ
ている．場合によっては畳み込み層とプーリング層の数が数千にも及ぶ．

　CNN はもっとも広く使われている深層学習のひとつである．従来は画像デー
タに対して使用されることが多かったが，近年では音声や文字列の処理にも多
用されるようになった．たとえば白黒画像は各ピクセルにおける輝度（光の強
さ）をそれぞれ成分とした行列で表せる．カラー画像は RGB の 3 色それぞれ
について行列となるので，全体として三つの行列で表せる．このため深層学習

[*1]　深層学習で言うところのカーネルは機械学習で広く使われているカーネル法（ガウス過程回帰）
とは異なるが，いずれも積分核 (integral kernel) という数学的対象であることから来ている
名称である．

の書籍では CNN を説明する際，入力データが行列である場合を例にして説明されることが多かった．しかしそれでは式や図が煩雑になり，理解が容易でなくなる恐れがある．そこで本書ではまず入力データがベクトルの場合を使って説明する．本書ではこの場合の CNN を **1D-CNN** と呼ぶことにする[*2]．時系列データや音声データ，テキストデータはこのような CNN によって扱える．高 D-CNN への拡張は後で行う．2D-CNN は画像，3D-CNN は動画の処理に使用できる．

6.2 フィルタリングによって局所特徴を検出する

　CNN で行われる畳み込み (convolution) という操作について述べる前に，それ以前から使われてきたフィルタリング (filtering) という考え方について述べる．フィルタリングは時系列データ処理や音声処理，画像処理で古くから多用されてきた．CNN はそれをニューラルネットワークによって発展させたものとも捉えられる．

　ここでは株価の変動を分析する例を使ってフィルタリングを説明する．たとえば連続する 12 日のうち，ある企業の株価がもっとも大きく増加した日を見つけ出したいとする．この時，12 日間の株価が図 6.3 に示すように $x = [2, 3, 9, 10, 7, 6, 5, 4, 6, 9, 7, 3]^T$ である場合を考える．

　グラフを描いて眼で見れば増加の大きそうな場所は分かるが，データが膨大な時に目視するのは大変である．機械的に見つける方法が欲しい．すなわち増加が最大の場所を見つけるプログラムを作りたい．そこで増加を表す $K = [-1, 1]$ という行ベクトルを考え，これを図 6.3 に示したように x との重なりを少しずつずらし，二つの成分からなるベクトル $[x_\tau, x_{\tau+1}]^T$ との積を求める．K はフィルタ（filter, またはカーネル）と呼ばれる[*3]．

[*2] 1D は 1 次元の略である．ベクトルの成分数も次元と呼ばれるため紛らわしく，むしろベクトルが 1 階テンソル，行列が 2 階テンソルであることに着目して 1 階 CNN や 2 階 CNN と呼んだ方が良いのかもしれないが，すでに 1D-CNN や 2D-CNN という表現がよく使われているため，ここではそれに倣う．

[*3] K がベクトルであるにも関わらず大文字で表したのは，2D-CNN や 3D-CNN ではカーネルが行列やテンソルになるからである．

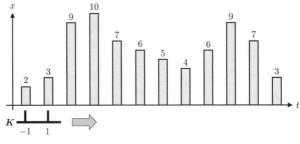

$$a_1 = (K_1 \cdot x_1) + (K_2 \cdot x_2) = (-1 \cdot 2) + (1 \cdot 3) = 1$$

図 6.3 カーネルによるフィルタリングの例. t を日付とし, それぞれについて株価 x_t が決まっているとする. カーネルを表す行ベクトル $K = [-1, 1]$ を移動させながら x の連続した 2 成分と掛け合わせ, ベクトル a を作っていく.

データとカーネルの重なりを開始する地点を τ で表す. $\tau = 1$ の時, $x_1 = 2$, $x_2 = 3$ であり, 株価は増加している. カーネル K と $[x_1, x_2]^T$ の積を求めると, $(-1 \times 2) + (1 \times 3) = 1$ である. 一方, $\tau = 2$ の時は $x_2 = 3$, $x_3 = 9$ であり, 急激に上昇している. この時, カーネルとの積は $(-1 \times 3) + (1 \times 9) = 6$ となり, より大きな値を取る. これらの演算は以下の式で表せる.

$$a_\tau = \sum_{\lambda=1}^{2} K_\lambda x_{\tau+\lambda-1} \qquad (1 \leq \tau \leq 11) \tag{6.1}$$

上式では各 τ ごとに積を求めているが, τ はオフセット (offset) と呼ばれ, 積の計算を始める基点である.

問 6-1 τ を 1 から 11 まで動かし, カーネル K とデータ $[x_\tau, x_{\tau+1}]^T$ の積を並べて a を求めよ. これによって株価の増加が最大であった期間を求めよ.

[解答]
$$a = [1, 6, 1, -3, -1, -1, -1, 2, 3, -2, -4]^T \tag{6.2}$$

最大値は $a_2 = 6$ である. これは $\tau = 2$ で株価の増加が最大であったという事実を表している. すなわち x_2 から x_3 にかけての増加が最大であることが言える.

以上の操作は x の各成分について，K が表す「株価が増加する」というパターンとの整合性を測っているとみなせる．カーネル $K = [-1, 1]$ は微分フィルタと呼ばれることがある．隣接する成分の間での差を求めることで微分を近似する計算だからである．実際，以下のように差を求めていることが言える．

$$K_1 x_\tau + K_2 x_{\tau+1} = -x_\tau + x_{\tau+1} = x_{\tau+1} - x_\tau \tag{6.3}$$

式 (6.1) のようにカーネル K とデータ x から a を求める操作を CNN の用語では畳み込みと呼ぶ．数学的にはこれは自己相関と呼ばれる操作であり，厳密な意味での畳み込みは別にあるのだが，それについては後述する．

x が 12 次元ベクトルであったのに対し，a は 11 次元ベクトルになっている．これは $[x_{11}, x_{12}]^T$ までしかカーネルとの積を求められないためである．一般にデータが n 次元でカーネルが s 次元ベクトルの時，畳み込みの結果は n − s + 1 次元ベクトルになる．今回使用したカーネル K は 2 次元ベクトルであるため，もっとも簡単なカーネルのひとつである．一般にはより高次元のベクトルを使うことでより複雑なパターンの検出が行われる．

続いて株価が底を打った日，つまり減少から増加に転じる日を見つけることを考える．これにはさきほど得た a の成分の正負が反転する日を見つければよい．そこで引数の正負に応じて −1, 0, 1 のいずれかの値を返す符号関数（sign 関数）を使う．符号関数は sgn で表し，以下のように定義される．

$$\mathrm{sgn}(\alpha) = \begin{cases} -1 & (\alpha < 0) \\ 0 & (\alpha = 0) \\ 1 & (\alpha > 0) \end{cases} \tag{6.4}$$

a の各成分を符号関数で変換して得られるベクトルを b で表す．すなわち $b_\tau = \mathrm{sgn}(a_\tau)$ と定義する．$a_\tau > 0$ は x における増加を意味し，$a_\tau < 0$ は x における減少を意味しているので，b_τ では x の増加は 1，無変化は 0，減少は −1 で表されるようになる．

問 6-2 a の各成分を符号関数によって変換して得られるベクトル b を作成せよ．すなわち $b_\tau = \mathrm{sgn}(a_\tau)$ によって定義される b を求めよ．

[解答]　　$b = [1, 1, 1, -1, -1, -1, -1, 1, 1, -1, -1]^T$

この結果に対し，今度はカーネル $H = [-1, 1]$ を b に対して動かしながら掛けていく[*4]．結果として得られるベクトルを c で表す．

問 6-3 以下の式に従って得られる c を使って株価が底を打った（すなわち減少から増加に転じた）日を求めよ．

$$c_\tau = \sum_{\lambda=1}^{2} H_\lambda b_{\tau+\lambda-1} \quad (1 \leq \tau \leq 10) \tag{6.5}$$

ヒント　c の成分は減少から増加への変化点では 2，逆に増加から減少への変化点では -2 になる．それ以外については 0 である．変化点を解釈するにあたり，c における添え字と x における添え字のずれに注意すること．

[解答]　　$c = [0, 0, -2, 0, 0, 0, 2, 0, -2, 0]^T$ より，c_7 が求める変化点である．c_7 は a_7 と a_8 を比較することで得られている．a_7 は区間 $[x_7, x_8]$ での増加，a_8 は区間 $[x_8, x_9]$ での増加を表しているので，両区間の間にある x_8 にて株価が減少から増加に転じている．すなわち株価が底を打ったのは 8 日目である．

このようにカーネルはデータ中から特定のパターンを検出するのに使用できる．言い換えるとカーネルは局所特徴の検出器であると言える．

以下ではフィルタリングを数式を使って定式化する．データを $x = [x_1, x_2, ..., x_n]^T$ で表す．カーネルは $K = [K_1, K_2, ..., K_s]$ と表す．ただし一般に s は n より大幅に小さい，すなわち s ≪ n である．これによってカーネルが作用する範囲が局所的であることが表現される．

数学的に厳密な意味での畳み込みは以下のように行われる．以下では K と x の畳み込みによってベクトル a を得ている．

[*4)] K と H は同じベクトルであるのに異なる記号を使ったのは，次章で述べるように CNN では層によってカーネルが異なってよいことを示すためである．

$$a_\tau = \sum_{\lambda=1}^{\mathfrak{s}} K_{\mathfrak{s}-\lambda+1} x_{\tau+\lambda-1} \qquad (1 \leq \tau \leq \mathfrak{n}-\mathfrak{s}+1) \qquad (6.6)$$

これに対し，以下の計算は数学的には**相互相関** (cross-correlation) と呼ばれるべきなのだが，CNN での慣例に従い，こちらを畳み込みと呼ぶことにする．

$$a_\tau = \sum_{\lambda=1}^{\mathfrak{s}} K_\lambda x_{\tau+\lambda-1} \qquad (1 \leq \tau \leq \mathfrak{n}-\mathfrak{s}+1) \qquad (6.7)$$

本書では式 (6.7) の計算を以下のように表す．

$$\boldsymbol{a} = \boldsymbol{K} * \boldsymbol{x} \qquad (6.8)$$

上の式における「$*$」は畳み込み演算を表す記号である．数学的に厳密な畳み込み（式 (6.6)）と相互相関（式 (6.7)）の違いは添え字の動き方である．式 (6.6) では $\boldsymbol{x}$ の添え字が大きくなるとともに $\boldsymbol{K}$ の添え字が小さくなるのに対し，式 (6.7) では両者の添え字がともに大きくなっていく．自己相関はカーネルの成分の順序を逆転させてから数学的に厳密な畳み込みを行う操作であると言える．

フィルタリングは入力データに対し，あらかじめ定められた数値の並びを持つベクトルや行列を少しずつずらしながら掛け合わせることで，データの加工やパターンの検出を行うという考え方である．フィルタをテンプレートと見立て，テンプレートマッチングと呼ばれることもある．どのような局所特徴を取り出したいかに応じて様々なカーネルが設計される．画像処理や音声処理では従来，カーネルを手動で設計することが多かった．この場合，経験や仮定に従ってカーネルの成分を調整する．一方，CNN ではカーネルをデータから学習する．すなわち微分フィルタのようにあらかじめ決められたカーネルを使うのではなく，タスクを達成するのに有益なカーネルを自ら構築する．すなわちカーネルの成分が学習すべきパラメータとなる．

6.3 畳み込み層

CNN においてカーネルとの畳み込みを行う処理を**畳み込み層** (convolution layer) と呼ぶ．FCN では重み行列と隠れ層の出力の積 $\boldsymbol{W}^{(\ell)}\boldsymbol{z}^{(\ell)}$ が計算された

が，CNN ではカーネルと隠れ層の出力の畳み込み $K^{(\ell)} * z^{(\ell)}$ が計算される．1D-CNN では入力データや中間表現（隠れ層の出力）がベクトルのため，カーネルもまたベクトルになる．後述するが，2D-CNN ではカーネルは行列である．

カーネル K を $\mathfrak{s}$ 次元の行ベクトル，畳み込みへの入力を $\mathfrak{n}$ 次元ベクトル z，畳み込みからの出力を $\mathfrak{n} - \mathfrak{s} + 1$ 次元ベクトル a で表すと，畳み込みは以下の式で表せる．

$$a_\tau = (K * z)_\tau = \sum_{\lambda=1}^{\mathfrak{s}} K_\lambda z_{\tau+\lambda-1} \quad (1 \leq \tau \leq \mathfrak{n} - \mathfrak{s} + 1) \tag{6.9}$$

多層ニューラルネットワークにおける重み行列 W の場合，列数はその直前の層のユニット数，行数はその直後の層のユニット数である．一方，1D-CNN の場合，カーネルは $\mathfrak{s}$ 次元の行ベクトルであり，その成分がパラメータとなる．

しかしカーネルは重み行列の形でも表せる．この場合，式 (6.10) に示したように，行ごとにカーネル $K = [K_1, K_2, K_3]$ をずらして配置することになる[*5]．同一の値（たとえば K_1）が繰り返し現れていることがパラメータ共有に相当する．

$$W = \begin{bmatrix} K_1 & K_2 & K_3 & 0 & 0 & 0 \\ 0 & K_1 & K_2 & K_3 & 0 & 0 \\ 0 & 0 & K_1 & K_2 & K_3 & 0 \\ 0 & 0 & 0 & K_1 & K_2 & K_3 \end{bmatrix} \tag{6.10}$$

問 6-4　W が式 (6.10) で定義され，z を 6 次元の列ベクトルとする．$d = Wz$ とした時，行列の積の定義に従い d_τ を W と z の成分と総和記号 $\sum$ を使って表せ．さらに，K と z の成分と総和記号を使って表した時，畳み込みと同じ式が得られるか確認せよ．

ヒント　行列の積の式における W の成分を直接 K の成分に置き換えようとするのではなく，行列 W とベクトル z の積がどのような流れで計算されているかを図 3.2 のように描いて考えるとよい．

[*5] 式 (6.10) のように，行ごとにひとつの行ベクトルをずらして配置することで得られる行列は Toeplitz 行列と呼ばれる．

[解答]
$$d_\tau = \sum_{\mu=1}^{6} W_{\tau\mu} z_\mu = \sum_{\lambda=1}^{3} K_\lambda z_{\tau+\lambda-1} \quad (1 \leq \tau \leq 4) \quad (6.11)$$

これは式 (6.9) の畳み込みの計算と一致している.

式 (6.10) の行列では畳み込みに相当する重み行列は K_1 から K_3 までの三つの数字によって決まるため,それだけがパラメータということになる.このため畳み込みでは(すべての成分を自由に定められる)重み行列と比べてパラメータ数が減る.結果として CNN は FCN より表現力が低い.つまり CNN は同じ隠れユニット数を持つ FCN と比べ,表現できる入出力関係の数が限られている.しかし必要のない入出力関係が表現できなくなるのは悪いことではない.CNN が空間構造を持つデータに対して FCN よりも優れたパフォーマンスを発揮しているのは,パラメータの取り得る値が適切な範囲に限定されていることによって,最適パラメータを見つける過程が効率化されているからと考えられる.これは言い換えればパラメータの値が訓練データに強く依存する傾向が弱まるということ,すなわちオーバーフィッティングの可能性を小さくできるということを意味する.

株価の例ではカーネル $\boldsymbol{K}$ との畳み込みの後,符号関数が活性化関数の役割を果たしている.隠れ層の出力 $\boldsymbol{b}$ は「隣接する成分の間の差の正負」という中

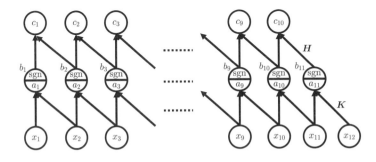

図 6.4 株価の減少から増加への変化点を検出する 3 層 CNN.入力層にはデータ $\boldsymbol{x}$ が入る.隠れ層ではカーネル $\boldsymbol{K}$ との畳み込みの結果である $\boldsymbol{a}$ が符号関数 sgn によって変換され,隠れ層の出力 $\boldsymbol{b}$ になる.出力層では $\boldsymbol{b}$ とカーネル $\boldsymbol{H}$ との畳み込みによって $\boldsymbol{c}$ が得られる.

間表現を表している．最後にカーネル H との畳み込みを行って c を得ているので，全体として 3 層の 1D-CNN である．これまで扱った多層ニューラルネットワークと異なり，出力層は複数のユニットから構成されている．これを図 6.4 に示した．

6.3.1 受容野

図 6.5 にあるように，CNN では出力に近いユニットほど，入力データにおけるより多くの成分と接続している．そのため入力に近い畳み込み層のカーネルではより小さな領域についての局所特徴が表現され，出力に近い畳み込み層のカーネルでは大きな領域に広がる局所特徴が表現される．

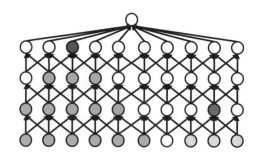

図 6.5 隠れユニットが入力ベクトルから影響を受ける範囲．第 4 層で左から三つ目のユニットは入力ベクトル（入力層）の広い範囲から影響を受けるのに対し，第 2 層で右から二つ目のユニットは入力ベクトルの狭い範囲から影響を受けている．一般に出力層に近い層ほど受容野が広い．

隠れユニットが入力ベクトルのどの範囲から影響を受けるかをその隠れユニットの**受容野** (receptive field) と呼ぶ．これは神経科学で使用される用語から来ている．あるニューロンについて，それに影響を与える空間的範囲を受容野と呼ぶ．視覚の場合，個々のニューロンの受容野は視野の中の領域であり，そのニューロンの活動に影響を与える範囲である．

様々な受容野を持つユニットが存在することにより，多様な大きさの局所特徴量を獲得できることは CNN の強みのひとつである．たとえば株価解析の CNN の場合，層を重ねることでより広い時間幅を考慮した局所特徴が得られる．た

とえば数週間にわたるトレンド，数ヶ月に及ぶ周期性などが得られる．このような大域的なパターンの検出後，それを利用して増減の変化点をすべて検出し，その数によって値動きが不安定な銘柄や投資すべき銘柄を発見するといったタスクへの応用が考えられる．もちろん，どのような局所特徴がそのようなタスクに有効であるかは分からない．しかし CNN は順伝播型ニューラルネットワークであるので，タスクの達成に有効なカーネルは誤差逆伝播法によって求められる．

6.3.2 カーネルの勾配

CNN のカーネルを誤差逆伝播法で学習させるにはその勾配が必要となる．全結合層の場合は重み行列を掛けるという操作を関数とみなして微分したが，畳み込み層ではカーネルとの畳み込みを関数とみなし，それを成分ごとに微分すればよい．

$$\frac{\partial a_\tau}{\partial K_\mu} = \frac{\partial \sum_{\lambda=1}^{\mathfrak{s}} K_\lambda z_{\tau+\lambda-1}}{\partial K_\mu} = \sum_{\lambda=1}^{\mathfrak{s}} z_{\tau+\lambda-1} I_{\lambda\mu} = z_{\tau+\mu-1} \qquad (6.12)$$

ただし $I_{\lambda\mu}$ は単位行列の (λ, μ) 成分であり，$\lambda = \mu$ の時に 1，それ以外では 0 となる．畳み込みの定義より，入力 $\boldsymbol{z}$ の次元は出力 $\boldsymbol{a}$ の次元より $\mathfrak{s}-1$ だけ大きいので，$\mu = \mathfrak{s}$ であっても $z_{\tau+\mu-1}$ という成分は存在する．

また，入力 $\boldsymbol{z}$ による微分は以下のように求まる．ただし $1 \le \varpi - \tau + 1 \le \mathfrak{s}$ でない場合，微分は 0 になる．

$$\frac{\partial a_\tau}{\partial z_\varpi} = \frac{\partial \sum_{\lambda=1}^{\mathfrak{s}} K_\lambda z_{\tau+\lambda-1}}{\partial z_\varpi} = \sum_{\lambda=1}^{\mathfrak{s}} K_\lambda I_{\tau+\lambda-1, \varpi} = K_{\varpi-\tau+1} \qquad (6.13)$$

CNN のパラメータ $K_\mu^{\langle \ell \rangle}$ の更新は勾配 $\partial L/\partial K_\mu^{\langle \ell \rangle}$ を使って行われる．$\partial L/\partial K_\mu^{\langle \ell \rangle}$ を求めるには 5.4 節で述べた誤差逆伝播法を使えばよい．すなわち式 (5.36)-(5.37) の再帰的な計算において，$\partial \boldsymbol{a}^{\langle \ell \rangle}/\partial W_{\mu\nu}^{\langle \ell \rangle}$ を式 (6.12) から得られるヤコビ行列 $\partial \boldsymbol{a}^{\langle \ell \rangle}/\partial K_\mu^{\langle \ell \rangle}$ に書き換え，$\partial \boldsymbol{a}^{\langle \ell \rangle}/\partial \boldsymbol{z}^{\langle \ell-1 \rangle}$ を式 (6.13) を並べることで得られるヤコビ行列 $\partial \boldsymbol{a}^{\langle \ell \rangle}/\partial \boldsymbol{z}^{\langle \ell-1 \rangle}$ に置き換えればよい．デルタの更新規則も同様に書き換わる．

6.3.3 パディングで縮小を補填

畳み込みを行うと，出力は入力に比べて成分の数が減る．式 (6.9) から分かるように，カーネル K の成分数が $\mathfrak{s}$ の時，入力 z の最後の $\mathfrak{s}-1$ 個の成分については計算が行えない．つまり畳み込みを行うたび，隠れ層のユニット数が $\mathfrak{s}-1$ だけ減ってしまう．たとえば株価の例では入力 z は 12 次元ベクトルであったが，K の次元が 2 であるため，最後の成分については畳み込みが行えず，出力 a の次元は 11 次元になった．

カーネルの成分数が大きければ，それだけ隠れユニット数の減少も大きい．また，深層学習では畳み込みが何百回も行われることがあるので，たとえ層ごとに隠れユニット数の減少が小さくとも，累積すればその影響は無視できない．このため畳み込み層において，パディング (padding) と呼ばれる操作が行われることが多い．これは隠れ層の両端にパッドをあてて補強するという意味である．よく使われるゼロパディング (zero-padding) では畳み込み $K * z$ を行う前に，z の両端の成分の外側に $\mathfrak{s}-1$ 個の 0 を追加する．これは隠れ層の両端につねに 0 を出力するユニットをそれぞれ $\mathfrak{s}-1$ 個追加することに相当する．たとえば $z = [z_1, z_2, z_3, z_4]^T$ で $\mathfrak{s}=3$ の時，ゼロパディングの結果である $\check{z}$ は以下のように定義される．

$$\check{z} = [0, 0, z_1, z_2, z_3, z_4, 0, 0]^T \tag{6.14}$$

ゼロパディングでは z の最初の成分の前にも 0 が追加される．これによって z と $\check{z}$ の間で添え字がずれるのを防ぐため，本書では $\check{z}$ の添え字が 0 や負の値も取ることにする．これに伴い，a の添え字も 0 や負の値まで動くことになる．畳み込みの計算自体は式 (6.9) と同じだが，τ の動く範囲が $2-\mathfrak{s}$ から $\mathfrak{n}$ になる．ただし $\mathfrak{n}$ はベクトル z の次元である．ゼロパディングを行っても畳み込みの計算方法自体が変わるわけではないので，勾配の計算方法にも変更がない．そのため式 (6.12) に基づき，ヤコビ行列は以下のように計算できる．

$$\frac{\partial a_\tau}{\partial K_\mu} = \check{z}_{\tau+\mu-1} \qquad (2-\mathfrak{s} \leq \tau \leq \mathfrak{n}) \tag{6.15}$$

右辺を計算するには $\check{z}$ の定義（たとえば式 (6.14)）を参照し，z の成分を使って定義されているものにはその値を，それ以外には 0 を代入すればよい．

6.3.4 ストライドで大またぎ

パディングは隠れ層のユニット数を縮小させないための工夫であったが，逆に隠れ層が小さくなることが望ましい状況も多い．CNN では畳み込み層を経るたびに各ユニットがカバーする空間的範囲が広くなる．6.3.1 項で述べたように，出力に近い隠れ層のユニットは入力ベクトル中のより多くの成分から影響を受ける．広い範囲をカバーする局所特徴量についてはそれほど細かくカーネルを動かさなくてもよい．たとえば x_1 から x_{100} までを繋げて得られるベクトルと，x_2 から x_{101} までを繋げて得られるベクトルでは成分がほとんど重なっている．それらから影響を受けるユニットが別々にあることは冗長であり，タスクの達成においてあまり貢献しないことが予想される．ゆえに計算量を節約するため，出力に近い隠れ層のユニット数を減らすことが考えられる．

図 6.3 や式 (6.7) では畳み込みにおいて，カーネルがデータ上をひとつずつ動いている．すなわち移動幅が 1 である．CNN ではカーネルの移動幅をストライド (stride) と呼ぶ．これは英語で「ひとまたぎにする」という意味であり，歩幅と解釈するとよい．ストライドを s に設定した場合の畳み込みを以下の式に示す．

$$a_\tau = \sum_{\lambda=1}^{\mathfrak{s}} K_\lambda z_{\tau + s(\lambda-1)} \qquad (1 \leq \tau \leq \mathfrak{n} - s(\mathfrak{s}-1)) \qquad (6.16)$$

たとえばストライドを 2 に設定した畳み込み層を経由するたび，隠れ層のユニット数は半減する．ヤコビ行列 $\partial \boldsymbol{a}/\partial \boldsymbol{K}$ や $\partial \boldsymbol{a}/\partial \boldsymbol{z}$ は式 (6.16) を微分することで求められるが，$\boldsymbol{z}$ の成分の一部がカーネルと掛けられていないので，それらを飛ばした和の形になる．

6.3.5 チャネルを増やして多数の局所特徴を捉える

各サンプルにつき，入力データが複数の経路から入ってくる時，それぞれの経路をチャネル (channel) と呼ぶ．ステレオ音声の場合，入力データは右マイクの録音と左マイクの録音の二つから構成されるので，チャネルは二つである．カラー画像の場合，任意の色は光の三原色の組み合わせによって表せるため，ピクセルごとに赤の強さ，緑の強さ，青の強さの情報が必要である．言い換えれば赤の強さを表す画像，緑の強さを表す画像，青の強さを表す画像の 3 枚を

用意して重ね合わせればカラー画像を表現できる．これはチャネルが三つであることを意味する．

複数のチャネルを持つ入力データではそれぞれのチャネルを処理するため，複数のフィルタを用意する必要がある．一方，隠れ層の出力（中間表現）は潜在的特徴量を表しているが，それらを多数使った方がタスクを解決する上で有効であることが期待される．そのため CNN では隠れ層でも多数のチャネルを使うのが一般的である．これはひとつの畳み込み層ごとに複数のフィルタを学習させることに相当する．

1D-CNN の畳み込み層において入力と出力の双方でチャネルを導入した場合，出力チャネルを表す添え字，入力チャネルを表す添え字，ならびにベクトルの次元を表す添え字というの三つの数字によってひとつのパラメータが決まるため，カーネルは 3 階テンソルを使って表現される．たとえば $K_{3,5,7}$ は入力チャネル 5 から出力チャネル 3 への変換を表す畳み込みで使われるベクトルの 7 番目の成分を表す．なお，ここでいう入力チャネルと出力チャネルは必ずしも入力層や出力層とは対応せず，あくまで畳み込み層に対する入力と出力である．この時，カーネルは多数のフィルタをまとめたものとみなせる．

ひとつのチャネルあたりの隠れユニット数をサイズと呼ぶことにすると，多くの CNN ではストライドによって隠れ層のサイズが減るにつれ，チャネルの数を増やしていくのが一般的である．たとえば第 $\ell+1$ 層のサイズが第 ℓ 層の半分であるとすると，チャネル数は 2 倍にするといった具合である．なお，隠れ層におけるチャネル数はフィルタ数と呼ばれることもある．

図 6.6 では 1D-CNN において，入力のチャネル数が 2，それに続く隠れ層 1 のチャネル数が 4，その次の隠れ層 2 のチャネル数が 8 である例を示している．隠れ層 2 と出力層の間には全結合がある．これはチャネルに関わりなく，隠れ層 2 の各ユニットが出力層のすべてのユニットの活性と結びついていることを意味する．出力層では活性から出力関数（たとえばソフトマックス関数）によって確率分布ベクトル（成分の総和が 1 になるベクトル）が得られる．

チャネルが存在する場合の畳み込みの計算は以下の式のように行われる．畳み込みへの入力のチャネルを π で，出力のチャネルを ω で表している．τ と λ は従来通り，ベクトルの成分を指定する変数である．また，入力チャネル数を

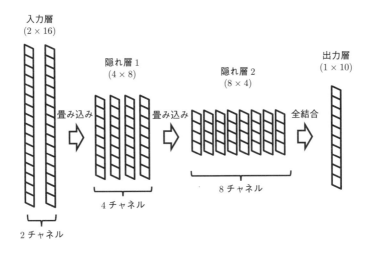

図 6.6 複数のチャネルを持つ 1D-CNN の例．入力は 16 次元ベクトルが二つ，すなわち 2 チャネルである．隠れ層のサイズは次第に小さくなるが，チャネル数は増えていく．最後の隠れ層の後には全結合がある．畳み込みの後には活性化関数があり，全結合の後には出力関数も存在するが，表記を省略している．

p，出力チャネル数を q で表す．これは入力が p 種類あり，それぞれについてフィルタを適用することで q 種類の出力を得ていることを意味する．このため $q \times p$ 種類の行ベクトルが用意され，それらをまとめたものがカーネル K である．K は三つの添え字を持つため，3 階テンソルである．誤差逆伝播を行うための勾配は 3 階テンソル K や 2 階テンソル z の成分ごとに求めればよい．

$$a_{\omega\tau} = \sum_{\pi=1}^{p}\sum_{\lambda=1}^{\mathfrak{s}} K_{\omega\pi\lambda} z_{\pi,\tau+\lambda-1} \quad (1 \leq \omega \leq q), (1 \leq \tau \leq \mathfrak{n} - \mathfrak{s} + 1) \quad (6.17)$$

6.4 プーリング

画像認識の場合，映っている物体が多少上下左右にずれたとしても，同じ物体であると認識したい．実際，生物の視覚は対象が上下左右に移動しても同じ物体として認識できる．たとえば車が画面の右端に映っていても左端に映っていても，車と認識される．深層学習のプログラムにおいても，訓練データの画像では左端に車が映っていて，テストデータでは右端に映っていたとしても，同様に車と認識したい．これを移動に対する**不変性** (invariance) と呼ぶ．音声の

場合，人によって発音やイントネーションに多少の違いがあっても，同じ言葉であると認識される．これは音高についての微小変化に対する不変性である．

ふたたび株価の例を使うと，安定した値動きをしている株に投資するため，各銘柄についてその価格が減少から増加へ，あるいは増加から減少に変化した回数を数えたいとする．変化の回数を数えるだけであれば，変化が生じた正確な時刻は重要ではない．6.2 節で述べた例に即して言えば，株価が底を打ったことを表す局所特徴がいくつ存在するかどうかが重要であり，それらが発生した時刻の差異は無視される仕組みが欲しい．つまり時刻が多少ずれても（移動しても）同じ出力が得られるような変換を挟みたい．

CNN において微小な移動に対する不変性を実現するために使用されるのがプーリング (pooling) である．プールとは英語で「溜める」という意味である．ある範囲について，入力を一定の範囲について溜めた上で演算を行い，出力することを意味する．CNN ではプーリングを行うユニットで層を作るため，プーリング層 (pooling layer) と呼ばれる．プーリング層では隣り合う入力の集まりからひとつの数値を出力する演算（集約演算）を行う．よく使われるのが max プーリング (max pooling) である．これは入力のうち，一番大きい成分の値を出力するという関数である．たとえば $a = [4, 2, 8, 1, 5]^T$ の時，$\max(a) = 8$ である．プーリング演算が対象とする範囲の大きさをプーリングサイズ (pooling size) と呼ぶ．たとえばプーリングサイズが 3 である場合，その範囲内で一番大きい値が出力される．カーネルと同様，プーリング関数も入力の上を移動していくため，出力もまたベクトルになる．ストライドを設定することでプーリング演算の対象範囲を一定幅ずつ移動させることも可能である．

問 6-5 株価の値動きが $[9, 0, 4, 2, 5, 1, 3, 8, 0]^T$ というベクトルで表される時，プーリングサイズが 3 でストライドが 3 の max プーリングを行って得られるベクトルを求めよ．同様に $[0, 9, 0, 4, 2, 5, 1, 3, 8]^T$ というベクトルに同じ処理を行った結果を求めよ．

[解答] いずれも $[9, 5, 8]^T$ になる．

この問題の解答に現れているように，入力に多少の違いがあっても出力は同じになることがある．これは位置の微小なずれに対する出力の不変性を実現していると言える．この他，平均プーリング (average pooling) ではプーリングの対象範囲についての平均が出力となる．

プーリング層でも畳み込み層と同様，入力の両端から外れての計算は行えないため，出力層に向かうにつれて隠れユニットの数が減っていく．もしそれが望ましくない場合はパディングが行われる．

▶プーリングの勾配　　誤差逆伝播法ではニューラルネットワーク全体をひとつの合成関数とみなし，各ユニットでの変換を微分してヤコビ行列を求める．プーリングを行うユニットも関数であるため，それについての微分を計算すればよい．ここでは max プーリングについて考える．max 関数は場合分けによって定義された関数とみなせる．まずは引数が 2 次元ベクトルの場合で考えてみる．$\boldsymbol{a} = [a_1, a_2]^T$ を引数とする max 関数は以下のように表現できる．

$$\max(\boldsymbol{a}) = \begin{cases} a_1 & (a_1 \geq a_2) \\ a_2 & (a_2 < a_1) \end{cases} \tag{6.18}$$

微分を成分 a_1 と a_2 のそれぞれについて求める．$a_1 = a_2$ において傾きが 0 の領域と 1 の領域が接しているため，微分が定義されず，undefined（未定義）となる．

$$\frac{\partial \max(\boldsymbol{a})}{\partial a_1} = \begin{cases} 1 & (a_1 > a_2) \\ \text{undefined} & (a_1 = a_2) \\ 0 & (a_2 < a_1) \end{cases} \tag{6.19}$$

$$\frac{\partial \max(\boldsymbol{a})}{\partial a_2} = \begin{cases} 0 & (a_1 > a_2) \\ \text{undefined} & (a_1 = a_2) \\ 1 & (a_2 < a_1) \end{cases} \tag{6.20}$$

式 (6.19) と (6.20) を合わせたものはまさに 4.7 節で述べた argmax 関数であり，その値を one-hot 表現で表したものである．ただし $a_1 = a_2$ の場合は微分の値が定義されない．その場合は実用上は $[1, 0]^T$ か $[0, 1]^T$ のいずれかの値を出力すればよい．これは 4.10 節で述べた活性化関数 ReLU を使った場合，微分が定義されない点があっても実用上は問題ないのと同じである．引数 $\boldsymbol{a}$ が 3 次元以上の場合も max 関数の微分は argmax 関数として表せる．

max プーリングの場合，プーリング層はパラメータを持たないので，プーリング層についてのパラメータ更新は必要ない．$\partial \max / \partial \boldsymbol{a}^{(\ell)}$ が逆伝播の際に使われるだけである．

6.5 2D-CNN

CNN は画像認識のタスクで広く使われてきた．画像を扱う場合，入力データは行列で表される．このため 2D-CNN を使用することになる．たとえば白黒画像は各ピクセルの輝度を縦横に並べることで表せるので，ひとつの行列とみなせる．カラー画像の場合，色は光の三原色のそれぞれの強さによって定義されるので，それぞれに行列が必要であり，三つの行列で表現される．これは CNN では三つのチャネルを使うことで実現される．

図 6.7 に 2D-CNN におけるカーネルの例を示した．左のカーネルは画像中で左から右に明るくなる画像を検出する．これは画像ではピクセルの持つ数値が大きいほど明るく，小さいほど暗いため，左に負，右に正の値を掛けることで，6.2 節で述べた微分フィルタのように，明るさの増加を検出できる．中央のカーネルでは真ん中に負の値があるため，そこが暗くなっている場所を検出する．これは白地に黒い縦線である．右のカーネルでは同様に左上から右下への斜め線が検出される．

カーネルとの畳み込みは両方の軸，すなわち行と列について行われる．これは図 6.8 に示したように，カーネルが入力全体をカバーするように動くと表現してもよい．式では以下のように二つの変数 λ と η を $\mathfrak{s} \times \mathfrak{t}$ の範囲で動かし，カーネルの成分と入力の成分の積を足し合わせることになる．入力のサイズは

左から右への
明るさの増加を
検出するカーネル

縦線を検出する
カーネル

左上から右下への
斜め線を検出する
カーネル

図 6.7　2D-CNN におけるカーネルの例．「左から右にかけて明るくなるパターン」「縦線」「左上から右下への対角線」に反応するカーネルを示している．

$n \times m$ としている.

$$a_{\tau \upsilon} = \sum_{\lambda=1}^{s} \sum_{\eta=1}^{t} K_{\lambda \eta} z_{(\tau+\lambda-1),(\upsilon+\eta-1)} \quad (1 \leq \tau \leq n-s+1), (1 \leq \upsilon \leq m-t+1) \tag{6.21}$$

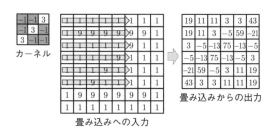

図 **6.8** 2D-CNN におけるカーネルとの畳み込みの例.カーネルが入力行列の行と列の双方向について動き,成分ごとに積を求めて足し合わせた数値を並べることで,出力となる行列が得られる.カーネルが表すパターンとの一致度が高い場所では出力行列の成分が大きくなる.畳み込みへの入力では背景が数値 1 で,文字の「Z」の形が数値 9 によって描かれている.出力では文字「Z」において右上から左下への斜め線に対応する部分が大きな値となっている.

カーネルの出力をさらに別のカーネルで畳み込むことにより,さらに複雑な局所特徴が検出できる.図 6.1 のように建物の画像を認識する例でいえば,縦線と横線が特定の形で並んだ四角形にカーネルが反応することにより,窓や扉に相当する局所特徴が検出されることを意味する.

2D-CNN の各層が複数のチャネルから構成される例を図 6.9 に示した.この例では入力データを 64×64 ピクセルのカラー画像とし,それが 50 種類のカテゴリのうちどれに属するかを判定する分類タスクを考える.カラー画像は 3 チャネルで表されるので,入力は $3 \times 64 \times 64$ の 3 階テンソルとなる.最初の畳み込みではストライドが 2 であるカーネルを使うことで行数と列数がそれぞれ半分となるが,チャネル数は増加する.次の畳み込みでもふたたび行数と列数が減少し,チャネル数が増える.最後の隠れ層と出力層の間では全結合となっており,それによって得られる活性を出力関数によって 50 次元の確率分布ベクトルに変換する.

誤差逆伝播法のための勾配は 3 階テンソルである隠れ層の出力や 4 階テンソ

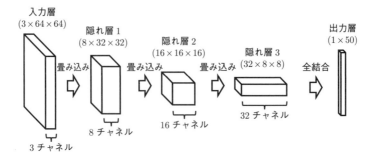

図 6.9 複数のチャネルを持つ 2D-CNN の例．入力データは 3 チャネルの 64×64 行列である．ストライドを持つ畳み込みによって行数と列数が減少するのに伴い，チャネル数を増加させる．最後の隠れ層の後には全結合がある．畳み込みの後には活性化関数があり，全結合の後には出力関数も存在するが，表記を省略している．

ルであるカーネルの成分ごとに求めればよい．

問 6-6 ω を出力チャネル，τ と υ を出力行列の添え字とする時，$\partial a_{\omega \tau \upsilon}/\partial K_{\zeta \xi \mu \nu}$ を求めよ．

[解答]
$$\frac{\partial a_{\omega \tau \upsilon}}{\partial K_{\zeta \xi \mu \nu}} = \frac{\partial \sum_{\pi, \lambda, \eta} K_{\omega \pi \lambda \eta} z_{\pi, (\tau+\lambda-1), (\upsilon+\eta-1)}}{\partial K_{\zeta \xi \mu \nu}} \quad (6.22)$$
$$= z_{\xi, (\tau+\mu-1), (\upsilon+\nu-1)} I_{\omega \zeta}$$

ただし $I_{\omega \zeta}$ は単位行列 $\boldsymbol{I}$ の (ω, ζ) 成分である．また，π と λ と η は畳み込みの計算で総和を求めるために導入された変数であるので，何を使って表してもよい．

章 末 問 題

6-1 株価の時間変化が $\boldsymbol{z} = [3, 2, 5, 4]^T$ であったとする．各時刻での変化量を得るため，微分カーネル $\boldsymbol{K} = [-1, 1]^T$ との畳み込み $\boldsymbol{a} = \boldsymbol{K} * \boldsymbol{z}$ を求めよ．

6-2 max プーリングは 4.10 節で述べた活性化関数 ReLU を使っても表現できる．1D-CNN の場合について，2 変数の max 関数 $\max(a, b)$ を ReLU 関数 $\mathcal{R}$ を使って表せ．

6-3 2D-CNN の畳み込みにおいて入力チャネルと出力チャネルを複数にした場合の式を表せ．ただし入力チャネル数は p，カーネルのサイズは $\mathfrak{s} \times \mathfrak{t}$，入力のサイズは $\mathfrak{n} \times \mathfrak{m}$ とする．

6-4 2D-CNN における max プーリングの勾配を求めよ．

6-5 動画データにおいて縦の線が左から右に動いていく運動を検出したい．そのためのシンプルな 3D-CNN のカーネル $\boldsymbol{T}$ を作成せよ．$2 \times 2 \times 2$ の 3 階テンソルで表現できるが，それには $\boldsymbol{T}_{::1}$ ならびに $\boldsymbol{T}_{::2}$ という二つの 2×2 行列を定義すればよい．また，線は 1，背景は -1 をカーネルの成分とすることで検出するとよい．

7 再帰型ニューラルネットワーク

7.1 系列データ

隣合う要素同士が強い関連性を持つデータを系列データ (sequence data) と呼ぶ．たとえば音声や文章は系列データの例である．また，多数の時刻において記録された数値の系列，たとえばセンサーで継続的に記録された数値列は時系列データ (time sequence data) と呼ばれ，系列データの代表的な例である．

系列データの要素数はサンプルによって異なることが多い．実際，音声や文書のデータは発話や文章によって長さが異なる．一方，6章で述べた CNN では入力データの長さ（次元）がすべて統一されていなくてはならない．このため系列データを対象として CNN とは異なる手法が開発されてきた．そのひとつが再帰型ニューラルネットワーク（recurrent neural network, **RNN**）である．RNN は可変長 (variable length) のデータを扱える枠組みである．

7.2 再帰型ニューラルネットワークは記憶を持つ

RNN は順伝播型ニューラルネットワーク（feedforward neural network, **FNN**）と対比される概念である．ニューラルネットワークにおいて予測を行う際の数値の受け渡しを情報の流れと捉えると，FNN では入力から出力にむけて，情報が一方向に流れていく．すなわちひとつのサンプルについて予測を行

う際，ひとつのユニットが2回以上使われることはない．

これに対し，RNN では情報の流れが一方向ではなく，ループ構造を持つことが特徴である．FNN ではベクトルのすべての成分を一括して入力するのに対し，RNN では系列の要素が逐次的に（順番に）渡される．すなわち入力が一度に与えられるのではなく，順次与えられる．本書では系列の個々の要素がベクトルで表せるものとする．たとえば系列 X の t 番目の要素を $x^{(t)}$ で表すと，これはベクトルである．すなわち系列は多数のベクトルを並べて作られる．RNN には系列の要素が一時刻ごとにひとつ入力されるので，t は系列の要素を表すと同時に時刻を表す変数でもある．

図 7.1 に FNN と RNN の例を示した．左側は図 4.6 に示した FNN と同じネットワークであるが，各層ごとにユニットをまとめ，ひとつの丸で表している．たとえば一番下の丸が表すユニットには入力データベクトル $z^{\langle 0 \rangle} = x$ が入り，その上に伸びる線で層間に存在する多数の結合をまとめて表す．それらの結合に対する重み行列 $W^{\langle 1 \rangle}$ によって $z^{\langle 0 \rangle}$ は変換され，活性 $a^{\langle 1 \rangle}$ となる．それがさらに活性化関数を並べたベクトル値関数 f によって変換される．その先の層でも同様に各層のユニットをすべてまとめてひとつの丸で表している．

図 7.1 に示した RNN と FNN との異なる点は，$z^{\langle 2 \rangle}$ から $a^{\langle 1 \rangle}$ に戻る結合の存在である．$z^{\langle 2 \rangle}$ と $a^{\langle 1 \rangle}$ はベクトルであるので，それらの間には多数の結合がある．それらの結合への重みを行列 $U^{\langle 3 \rangle}$ で表す．黒い四角は**時間遅延** (time delay) である．これは黒い四角の後のユニットへの活性（この場合 $a^{\langle 1 \rangle}$）が受け取るのは黒い四角の前のユニット（この場合 $z^{\langle 2 \rangle}$）における一時刻前の値であることを意味する．RNN におけるループにはどこかに時間遅延（黒い四角）がなくてはならない．もしそうでなければ自分の現在の出力を自分への入力として使えることになり，矛盾である．時間遅延を挟むことで，ループ上の各ユニットは自分自身の過去の出力から影響を受けることになる．

時間遅延を挟まない範囲に関しては FNN と同じように処理が行われる．すなわち入力 x から矢印に沿っての計算はひとつの時刻で行われ，直前の時刻でのユニットの出力を参照することはない．

図 7.1 の RNN は以下の式のように表される．ベクトル $x^{(t)}$ は入力系列の t 番目の要素であり，これは時刻 t において RNN に入力される．$a^{(\ell,t)}$ は活性

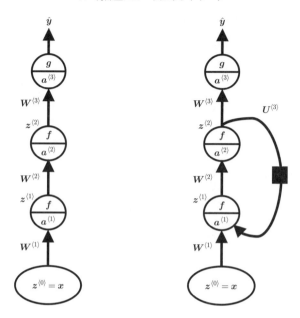

図 7.1 （左）順伝播型ニューラルネットワーク（FNN）と（右）再帰型ニューラルネットワーク（RNN）の例．RNN では $z^{\langle 2 \rangle}$ から $a^{\langle 1 \rangle}$ への結合がある．この上に時間遅延（黒い四角）が存在する．また，重み行列 $U^{\langle 3 \rangle}$ が掛けられる．

を並べたベクトル，$z^{\langle \ell, t \rangle}$ は隠れ層の出力を並べたベクトルを表している．

$$
\begin{aligned}
z^{\langle 0,t \rangle} &= x^{\langle t \rangle}, & z^{\langle 2,t \rangle} &= f(a^{\langle 2,t \rangle}) \\
a^{\langle 1,t \rangle} &= W^{\langle 1 \rangle} z^{\langle 0,t \rangle} + U^{\langle 3 \rangle} z^{\langle 2,t-1 \rangle}, & a^{\langle 3,t \rangle} &= W^{\langle 3 \rangle} z^{\langle 2,t \rangle} \\
z^{\langle 1,t \rangle} &= f(a^{\langle 1,t \rangle}), & \hat{y}^{\langle t \rangle} &= g(a^{\langle 3,t \rangle}) \\
a^{\langle 2,t \rangle} &= W^{\langle 2 \rangle} z^{\langle 1,t \rangle}
\end{aligned}
\tag{7.1}
$$

FNN と比較した場合，RNN における活性 $a^{\langle 1,t \rangle}$ にはその下の層から来る $W^{\langle 1 \rangle} z^{\langle 0,t \rangle}$ だけでなく，上の層から来る $U^{\langle 3 \rangle} z^{\langle 2,t-1 \rangle}$ も足されている．もちろん，$t = 0$ の時点では $a^{\langle 1,t \rangle}$ を計算するのに $z^{\langle 2,t-1 \rangle}$ の値が使えないので，右辺第 1 項の $W^{\langle 1 \rangle} z^{\langle 0,t \rangle}$ のみを使うことになる．

RNN が効果的なのは入力系列の一部を記憶したい状況である．これを具体的な例を使って説明する．いま，富裕層向けの商品をダイレクトマーケティングするため，IC カードに記録された購買履歴の中から富裕層に属する利用者を見つけたいとする．このため富裕層の間で「魚沼産コシヒカリ」が好まれてい

7.2 再帰型ニューラルネットワークは記憶を持つ

る事実に着目し，3回以上魚沼産コシヒカリを購入した利用者を富裕層と判定する．購買履歴は商品の系列であり，多数の購入を行った利用者では長く，少数しか購入していない利用者では短い．そこで購買履歴を商品ごとに読み込み，魚沼産コシヒカリに対しては1，それ以外の商品に対しては0を出力するプログラムを書き，それが出力する系列をニューラルネットワークへの入力系列とする．ある利用者は新米のシーズンに魚沼産コシヒカリを連続して3回買っているかもしれない．この場合，入力系列において1が3回続けて現れる．一方，別の利用者は他の商品も頻繁に購入しており，魚沼産コシヒカリは時折購入されるだけかもしれない．この場合，多数の0の中にたまに1が現れる入力系列になる．このような様々な入力系列に対し，ひとつのニューラルネットワークで判別を行うのにはどうしたらいいだろうか．

RNNはループ構造を使うことで過去の入力についての情報をネットワークの中に残せるため，魚沼産コシヒカリが購入された回数を記憶できる．たとえばループの中で数値を循環させ，入力系列で1が現れるたびにそれを増加させる．循環している数値が3以上になったら出力 $\hat{y}$ が0から1に切り替わるようにする．これは以下の式 (7.2) で表される RNN で実現可能である．ただし出力関数として使っている sgn は 6.2 節で述べた符号関数であり，引数が正ならば 1，ゼロならば 0，負ならば -1 を出力する．この RNN は入力系列に1が3回現れるまでは -1 または 0 を出力し，現れた後は 1 を出力し続ける．なお，この例では隠れ層における活性化関数として何の変換も行わない関数（恒等写像）を使っている．また，すべての変数が1次元であるため，ベクトルの代わりにスカラーを使っている．

$$\begin{aligned} z^{\langle 0,t \rangle} &= x^{\langle t \rangle}, & a^{\langle 2,t \rangle} &= z^{\langle 1,t \rangle} - 2 \\ z^{\langle 1,t \rangle} &= z^{\langle 0,t \rangle} + z^{\langle 1,t-1 \rangle}, & \hat{y}^{\langle t \rangle} &= \mathrm{sgn}(a^{\langle 2,t \rangle}) \end{aligned} \quad (7.2)$$

もちろん，特定の単語の出現回数を調べるのはもっと簡単なプログラムでも可能である．RNN の強みは離れた位置に現れる局所特徴を組み合わせ，タスクの達成に利用できることである．また，利用すべき局所特徴が明らかでない時，データからそれを学習することもできる．

RNN では出力が時刻ごとに行われるため，正解値も時刻ごとに与えられる必要がある．このため $(\boldsymbol{x}^{\langle t \rangle}, \boldsymbol{y}^{\langle t \rangle})$ というペアが各時刻で与えられ，それに対し

て損失関数 $L^{\langle t \rangle}$ が定義される．損失関数 L は各時刻における損失関数の総和 $\sum_{t=1}^{T} L^{\langle t \rangle}$ として定義される．ただし T は系列の長さである．L に対する勾配は $L^{\langle t \rangle}$ に対する勾配の総和として求められる．

7.3 通時的逆伝播（BPTT）

通時的逆伝播（backpropagation through time, **BPTT**）は RNN において誤差逆伝播法を使えるようにするための工夫である．BPTT では RNN に対して**展開** (unfolding) という操作を行うことで，順伝播型ニューラルネットワーク（FNN）を作り出す．これは時刻ごとにネットワークをひとつ作り，それらを繋げていくことを意味する．展開の例を図 7.2 に示した．左側の RNN を展開することで右側の FNN が得られる．

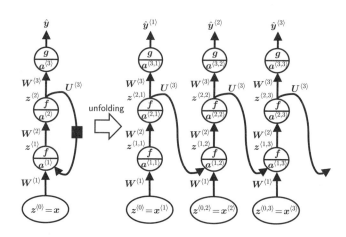

図 7.2　通時的逆伝播 (BPTT) によって RNN を展開して FNN を作り出す例．左にある RNN のグラフから各時刻 t ごとにひとつのネットワーク（下から上への流れ）を作る．時間遅延（黒い四角）のある結合について隣接する時刻から得られたネットワークを結びつける．結果として得られる右のネットワークではループが存在していないため，FNN である．

RNN の展開は一言で言えば，「RNN の元の図では $z^{\langle \ell, t \rangle}$ と $z^{\langle \ell, t-1 \rangle}$ は同一のユニット集合の別時刻での状態とみなされていたが，展開後にはこれらを別のユニット集合と見る」ということである．展開後に得られる FNN の大きさ

は入力系列の長さに依存する．たとえば $x^{(i)}$ が T 個の要素を持つとすると，展開後の FNN は T 個の RNN の複製を繋げることで作られる．

BPTT は展開された RNN に対して通常の誤差逆伝播法を行うことである．ただしひとつの結合が展開されて T 個の結合になるため，それらは同一の重みを持つ．すなわちパラメータ共有が行われているため，誤差逆伝播法を行う際，それが考慮されなくてはならない．これについては次節で述べる．

展開前の RNN が浅いネットワークであっても，展開後に得られる FNN では入力系列の長さだけの階層を持つことになるので，RNN には深層性から生じる学習の困難があった．それが近年，通常の FNN の深層化を可能にした様々な技法によって RNN もまた効率的に学習できるようになり，現在の広範な普及に繋がった．

7.4 LSTM は記憶力をコントロールする

誤差逆伝播法では式 (5.40) で示したように，デルタを再帰的に計算していく．図 7.2 に示した RNN の場合，たとえば第 2 層についてのデルタは式 (7.1) を全微分で展開することにより，以下のように求められる．

$$\delta^{\langle 2,t-1\rangle} = (\delta^{\langle 3,t-1\rangle} W^{\langle 3\rangle} + \delta^{\langle 1,t\rangle} U^{\langle 3\rangle}) f' \qquad (7.3)$$
$$\delta^{\langle 1,t\rangle} = \delta^{\langle 2,t\rangle} W^{\langle 2\rangle} f'$$

この再帰的な式はデルタを計算する過程で $U^{\langle 3\rangle}$ と $W^{\langle 2\rangle}$ が繰り返し掛けられることを意味する．一般の FNN では隠れ層ごとに重み行列が異なるが，BPTT で得られた FNN の場合は RNN における同一の重み行列から得られるヤコビ行列が繰り返し掛けられるため，勾配が通常よりも急速に減少や増加する傾向がある．これを**勾配消失問題** (vanishing gradient problem，5.4.6 項参照) ならびに**勾配爆発問題** (exploding gradient problem) と呼ぶ[*1]．

RNN では勾配消失問題により，逆伝播に伴いデルタが急速に減衰していく．

[*1] 固有ベクトルを求める数値計算で使われる冪乗法ではこれを逆に利用し，ランダムに作られたベクトルに対して同一の行列を繰り返し掛け続ける．これによって固有値がそれぞれ指数関数的に大きくなるため，最大固有値とそれ以外の固有値の差が広がる．各ステップで正規化を行うことで，最大固有値以外の固有値は 0 に近づくため，正規化されたベクトルは最大固有値に対応する固有ベクトルに収束する．

これは各時刻 t における入力と正解値は直近の重み行列の更新にしか影響を与えないということである．つまり RNN は意外に記憶力がない．正確にいえば，過去の入力を予測に使用することはできても，それを使って学習することが苦手である．そこで情報を意図的に残さなければ，長期間に渡る影響やパターンを学習できない．そのため RNN ではゲート (gate) と呼ばれる仕組みが提案されている．ゲートは記憶を「守る」機構であり，隠れユニットにおいて情報がどの程度残されるかを調整する．

ではどの程度の時間，記憶を残すべきだろうか．どの程度の速さで忘れるべきだろうか．系列データの処理に広く使われている RNN である **LSTM** (long short-term memory) では記憶の保持期間を手動で設定するのではなく，パラメータとしてデータから学習させてしまおうというアプローチが取られる．パラメータの学習にはもちろん誤差逆伝播を使う．

LSTM は複数のユニットから構成される **LSTM セル** (LSTM cell) が多数集まったネットワーク構造を持つ．図 7.3 にひとつの LSTM セルを示した．入力

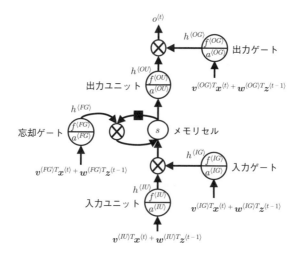

図 **7.3** LSTM セル．「×」の入った丸はそこで積が計算されることを意味する．入力ユニット（IU）と入力ゲート（IG）の積が計算され，メモリセル（MC）に蓄えられる状態 s への入力の一部となる．ループにより，忘却ゲート（FG）の値と状態の積が次の時刻の状態に足される．メモリセルの状態は出力ユニット（OU）の活性となり，出力ユニットと出力ゲート（OG）との積が LSTM セルの最終的な出力になる．

7.4 LSTMは記憶力をコントロールする

系列の t 番目の要素，すなわち時刻 t に入力されるデータはベクトル $x^{\langle t \rangle}$ で表されるが，時刻 t における各LSTMセルの出力を並べたものをベクトル $z^{\langle t \rangle}$ で表すことにする．前節まではユニットがニューラルネットワークの単位であったため，個々のユニットの出力を並べたものを z で表していたが，LSTMではLSTMセルが単位となるので，LSTMセルに含まれる個々のユニットの出力ではなく，ひとつのLSTMセルの出力が z の成分となる．ひとつのLSTMセルは以下の6種類の構成要素からなる．

IU：入力ユニット (input unit)   FG：忘却ゲート (forget gate)
IG：入力ゲート (input gate)   OU：出力ユニット (output unit)
MC：メモリセル (memory cell)   OG：出力ゲート (output gate)

入力ユニット (input unit) はメモリセルへの入力（数値）がひとまず到着するユニットである[*2]．入力ゲート (input gate) は入力ユニットに到着した数値が状態ユニットにどれだけ入れるかをコントロールするユニットである．メモリセル (memory cell) は自己ループを持ち，数値を蓄えることができる．忘却ゲート (forget gate) では状態ユニットで数値がどれだけ減衰されていくか，逆に言えばどれだけ残されるかをコントロールする．出力ユニット (output unit) は状態ユニットからの出力がひとまず到着するユニットである[*3]．出力ゲート (output gate) では出力ユニットからの実際の出力量をコントロールする．

ユニットの種類が多くて混乱しやすいが，入力ユニットと入力ゲートがペア，メモリセルと忘却ゲートがペア，出力ユニットと出力ゲートがペアとなっていると考えるとよい．なお，本章で入力ユニットと出力ユニットと書いた時，ニューラルネットワーク全体についての入力ユニットと出力ユニットではなく，LSTMセル内部の入力ユニットと出力ユニットを表すことにする．

紛らわしいが，LSTMセル内部の各ユニットとゲートはニューラルネットワーク全体への入力データ x ならびに他のLSTMセルの出力を並べた z からの結合を持っている．その結合には重みが存在し，その値はLSTMセルごと

[*2] これはニューラルネットワーク全体の入力ユニットとは異なることに注意する．
[*3] これはニューラルネットワーク全体の出力ユニットとは異なる．

に異なる．しかしここでの説明では LSTM セルを区別するための添え字は省略する．ニューラルネットワーク全体への入力データ x から LSTM セル内のユニットへの結合に対する重みをベクトル $v^{\langle\Box\rangle}$ で，すべての LSTM セルの出力を並べた z から LSTM セル内のユニットへの結合に対する重みをベクトル $w^{\langle\Box\rangle}$ で表すことにする．$\Box$ には IU, IG, FG, OG が入る．$v^{\langle\Box\rangle}$ と $w^{\langle\Box\rangle}$ は各 LSTM セル内の各ユニットとゲートごとに存在する．

メモリセル以外は活性化関数を持ち，その出力 $h^{\langle\Box,t\rangle}$ は以下のように求められる．ただし $\Box$ には IU, IG, FG, OU, OG が入る．また，$f^{\langle\Box\rangle}$ は $\Box$ で表されるユニットのための活性化関数である．また，$a^{\langle\Box,t\rangle}$ は活性である．

$$h^{\langle\Box,t\rangle} = f^{\langle\Box\rangle}(a^{\langle\Box,t\rangle}) \tag{7.4}$$

活性化関数 f としてはシグモイド関数やハイパーボリックタンジェント関数が使われることが多い．出力ユニット以外について，時刻 t における活性は以下のように計算される．$\Box$ には IU, IG, FG, OG が入る．出力ユニットの活性については後述する．

$$a^{\langle\Box,t\rangle} = v^{\langle\Box\rangle T} x^{\langle t\rangle} + w^{\langle\Box\rangle T} z^{\langle t-1\rangle} \tag{7.5}$$

メモリセルは状態と呼ばれる値を持ち，これを $s^{\langle t\rangle}$ で表す．各時刻におけるその値は以下のように計算される．

$$s^{\langle t\rangle} = h^{\langle FG,t\rangle} s^{\langle t-1\rangle} + h^{\langle IG,t\rangle} h^{\langle IU,t\rangle} \tag{7.6}$$

右辺第 1 項は時刻 t における忘却ゲートの値と時刻 $t-1$ における状態の積である．右辺第 2 項は状態への新たな入力であり，入力ゲートの値と入力ユニットの値の積である．状態は出力ユニットに渡され，その活性となる．

$$a^{\langle OU,t\rangle} = s^{\langle t\rangle} \tag{7.7}$$

出力ゲートの値と出力ユニットの値の積が LSTM セルの出力 $o^{\langle t\rangle}$ となる．

$$o^{\langle t\rangle} = h^{\langle OG,t\rangle} h^{\langle OU,t\rangle} \tag{7.8}$$

LSTM セルは多数存在するので，この $o^{\langle t\rangle}$ が全 LSTM セルの出力をまとめたベクトル $z^{\langle t\rangle}$ のひとつの成分となる．$z^{\langle t\rangle}$ のうちいくつかの成分を出力関数で変換したものが LSTM 全体の出力となる．

LSTM において学習されるのは各ユニットについての重みベクトル $v^{\langle\Box\rangle}$ と

$w^{\langle\square\rangle}$ である．これらはどのような入力データ $x^{\langle t\rangle}$ あるいは全 LSTM セルの出力 $z^{\langle t\rangle}$ が来た時にどれだけゲートを開閉するかを調整している．

なお，メモリセルから入力ゲート・忘却ゲート・出力ゲートへの結合が存在するモデルもよく使われている．この結合は**覗き穴** (peephole) と呼ばれている．これはゲートがメモリセルの状態を「覗ける」ようになっていると解釈できるためである．

章 末 問 題

7-1 魚沼産コシヒカリを頻繁に買わない家庭は真の富裕層とは考えにくいとする．そこで魚沼産コシヒカリを購入してから時間が経つにつれ，富裕層らしさを表す潜在変数 $z^{\langle 1,t\rangle}$ が減衰していくモデルを考える．減衰の速さを $U^{\langle 1\rangle}$ で表した時，富裕層発見のための RNN は以下の式で表せる．ただし $U^{\langle 1\rangle}$ を含め，すべての変数はスカラーである．また，学習に使用する勾配が 0 にならないよう，出力関数を符号関数 sgn からシグモイド関数 σ に置き換えた．

$$\begin{aligned}&z^{\langle 0,t\rangle}=x^{\langle t\rangle} & & a^{\langle 2,t\rangle}=z^{\langle 1,t\rangle}-2\\ &z^{\langle 1,t\rangle}=z^{\langle 0,t\rangle}+U^{\langle 1\rangle}z^{\langle 1,t-1\rangle} & & \hat{y}^{\langle t\rangle}=\sigma(a^{\langle 2,t\rangle})\end{aligned} \quad (7.9)$$

この RNN のネットワーク構造を表す図，ならびにそれを BPTT（通時的逆伝播）で展開した図はどのようになるか．

7-2 前問におけるパラメータ $U^{\langle 1\rangle}$ をデータから学習させたい．そのために使用される偏微分 $\partial L/\partial U^{\langle 1\rangle}$ を求めよ．ただし損失関数としてクロスエントロピーを使用すること．また，実際の富裕層が時刻 t において魚沼産コシヒカリを買ったか否かを表す変数を $y^{\langle t\rangle}$ で表す．この変数の値は 0 か 1 である．

ヒント： $\partial L/\partial a^{\langle 2,t\rangle}$ を求めるのには章末問題 5-1 が使える．

7-3 LSTM セルの出力 $o^{\langle t\rangle}$ に対する微分 $\partial o^{\langle t\rangle}/\partial h^{\langle FG,t\rangle}$ を求めよ．

7-4 LSTM についての誤差逆伝播法で使われる勾配 $\partial o^{\langle t\rangle}/\partial w^{\langle FG\rangle}$ を求めよ．

8 深層生成モデル

8.1 生成モデル

　機械学習には教師あり学習と教師なし学習という大きなグループがあることを 2.1 節で述べた．さらにもうひとつの分け方として，識別モデル (discriminative model) と生成モデル (generative model) という区別がある．
　本書でここまでに述べてきた分類タスクと回帰タスクは識別モデルに属す．これらのタスクでは各サンプルに対して求められる出力が単純であることが特徴である．たとえば分類であればクラス，回帰であれば数値が出力であり，これらは一般に入力より次元の小さいベクトルで表される．これに対し生成モデルではデータを生成する仕組みを作り出すことが目的とされる．訓練データと類似の性質を持つデータの生成を目的とするタスクもあれば，異なる性質を持つデータの生成を目的とするタスクもある．生成モデルの学習に使われるニューラルネットワークの出力は複雑で構造を持ち，往々にして入力と同等かそれ以上の次元を持つ．
　生成モデルが学習されると，訓練データにもテストデータにも存在しなかった新たなサンプルデータを生成できる．また，学習されたモデルに新たな入力を与えることで，それに対応する出力を生成できる．これには膨大な応用がある．たとえば日本語の文章を英語に翻訳する，質問文に回答する，白黒画像をカラーにする，線だけ描かれた素描に色を塗る，写真を特定の画風に変換する，

画像に対して説明文を付ける，大学入試に合格するなど，人工知能研究において期待される様々な応用が可能になり，まさに知性そのものである．

生成モデルの学習は識別モデルよりも困難であり，現在も活発に研究が進められている．とくに深層学習を使って生成モデルの学習を行うことは**深層生成モデル** (deep generative model) と呼ばれ，大きな期待を集めている分野である．生成モデルにおいても基本となるのは識別モデルで発展してきたネットワーク構造であり，具体的には CNN や RNN が使われることが多い．

8.2 敵対的生成ネットワーク（GAN）

敵対的生成ネットワーク (generative adversarial network, **GAN**(ガン)) は分類器と生成器という二つのニューラルネットワークを競わせることで両者をともに訓練する手法である．ただし目的は分類ではなく生成の方にある．本節ではとくに白黒画像からカラー画像を生成するというタスクを例に説明する．これは白黒画像の各ピクセルに適切な色を与えるという処理であり，ここではカラー変換と呼ぶことにする．

図 8.1 に示したように，GAN は分類器と生成器という二つのニューラルネットワークから構成される．分類器のネットワーク構造としては画像であれば CNN，音声や文章であれば RNN など，データの種類に応じたものを使用する．生成器もどのようなデータを出力したいかに応じてネットワーク構造が選択される．画像を生成するのであれば，次節で述べる転置畳み込みを用いた CNN が使われることが多い．

分類器の目標は与えられた入力が訓練データに実際に存在するサンプルなのか，あるいは生成器が生成したサンプルであるのかを区別することである．これはいわば本物と偽物の判定である．カラー変換であれば訓練データに存在するカラー画像が本物，白黒画像から生成器による変換（カラー化）で得られた画像が偽物である．

生成器の目標は分類器を騙し，間違った判定を行わせるような出力を作ることである．分類器が間違えることは，それだけ本物に近い出力が行えているということであり，生成器にとって望ましいことである．生成器はいわば贋作者

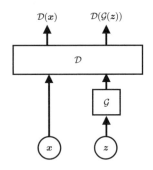

図 8.1 敵対的生成ネットワーク（GAN）は生成器と分類器という二つのニューラルネットワークから構成される．生成器 $\mathcal{G}$ は入力 z を本物のデータ x に似るように変換しようとする．分類器 $\mathcal{D}$ は本物 x を本物に，生成器の出力 $\mathcal{G}(z)$ を偽物に分類しようとする．

であり，分類器は鑑定人である．鑑定人のレベルが上がるにつれて，贋作のレベルも上がっていく．両者をともに訓練するというのが GAN の発想である．

　分類器と生成器はいずれも入力から出力を作るため，関数とみなせる．分類器を $\mathcal{D}$ で，生成器を $\mathcal{G}$ で表す．本物は x，生成器によって偽物に変換される入力を z で表す．$\mathcal{D}(x)$ は本物 x に対する分類器の出力である．$G(z)$ は生成器によって z を変換することで得られた出力（偽物）であり，$\mathcal{D}(\mathcal{G}(z))$ はそれを読み込んだ分類器の出力である．カラー変換の場合，x は本物のカラー画像，z は白黒画像，$\mathcal{G}(z)$ は生成器によってカラー化（色塗り）された画像である．分類器の出力関数としてシグモイド関数を使用すると，その出力は 0 と 1 の間の値を取り，4.3 節で述べたように確率と解釈できる．

　GAN の訓練では本物と偽物が同数だけ用意される．たとえば本物として $x^{(1)},...,x^{(n)}$ が，偽物として $z^{(1)},...,z^{(n)}$ から生成された $G(z^{(1)}),...,G(z^{(n)})$ が用意され，分類器は $2n$ 回の分類を行うことになる．

　分類器に渡されるデータが実際に本物か否かを表す変数 r を導入し，「実際に本物であること」を $r=1$，「実際に偽物であること」を $r=0$ で表す．これに対し，本物か否かの判定結果を y で表す．つまり「本物と判定すること」を $y=1$ で表し，「偽物と判定すること」を $y=0$ で表す．分類器が目標とする理想的な入出力関係を条件付き確率分布 $q(y|r)$ で表すと，$r=1$ に対しては確実に 1 と出力し，$r=0$ に対しては確実に 0 と出力するべきなので，以下になる．

8.2 敵対的生成ネットワーク (GAN)

$$q(y=1|r=1) = 1, \qquad q(y=1|r=0) = 0$$
$$q(y=0|r=1) = 0, \qquad q(y=0|r=0) = 1$$

これに対し，実際の分類器による入出力関係を条件付き確率分布 $p(y|r, \boldsymbol{d})$ で表す．ただし $\boldsymbol{d}$ は GAN に渡されるデータを表す．$r=1$ の場合の $\boldsymbol{d}$ は $\boldsymbol{x}$ であり，$r=0$ の場合の $\boldsymbol{d}$ は $\boldsymbol{z}$ である．$r=1$ の場合は本物であるため，分類器 $\mathcal{D}$ の引数は $\boldsymbol{x}$ である．一方，$r=0$ の場合は偽物であり，$\mathcal{D}$ の引数は $\mathcal{G}(\boldsymbol{z})$ である．

$$p(y=1|r=1,\boldsymbol{d}) = \mathcal{D}(\boldsymbol{x}), \qquad p(y=1|r=0,\boldsymbol{d}) = \mathcal{D}(\mathcal{G}(\boldsymbol{z}))$$
$$p(y=0|r=1,\boldsymbol{d}) = 1 - \mathcal{D}(\boldsymbol{x}), \qquad p(y=0|r=0,\boldsymbol{d}) = 1 - \mathcal{D}(\mathcal{G}(\boldsymbol{z}))$$

r と $\boldsymbol{d}$ で条件付けられたクロスエントロピーは以下になる．

$$H(q,p|r=1,\boldsymbol{d}) = E_{q(y|r=1)}[-\log p(y|r=1,\boldsymbol{d})] \tag{8.1}$$
$$= -\sum_{y=0}^{1} q(y|r=1) \log p(y|r=1,\boldsymbol{d})$$
$$= -\log \mathcal{D}(\boldsymbol{x})$$
$$H(q,p|r=0,\boldsymbol{d}) = E_{q(y|r=0)}[-\log p(y|r=0,\boldsymbol{d})] \tag{8.2}$$
$$= -\sum_{y=0}^{1} q(y|r=0) \log p(y|r=0,\boldsymbol{d})$$
$$= -\log(1 - \mathcal{D}(\mathcal{G}(\boldsymbol{z})))$$

GAN の訓練では本物と偽物が同数だけ用意されるので，本物か否かを表す変数 r の分布 $\varphi(r)$ は以下になる．

$$\varphi(r=0) = \frac{1}{2}, \qquad \varphi(r=1) = \frac{1}{2} \tag{8.3}$$

$r, \boldsymbol{x}, \boldsymbol{z}$ の分布を使って条件付きクロスエントロピーの期待値を求める．ただし $\varphi(\boldsymbol{x})$ は本物のデータの分布であり，$\varphi(\boldsymbol{z})$ は生成器に入力されるデータについての分布である．$E_{\varphi(r),\varphi(\boldsymbol{x}),\varphi(\boldsymbol{z})}[f]$ は三つの分布で f の期待値を求めること，すなわち $\int \varphi(r)\varphi(\boldsymbol{x})\varphi(\boldsymbol{z}) f dr d\boldsymbol{x} d\boldsymbol{z}$ を表す．

$$E_{\varphi(r),\varphi(\boldsymbol{x}),\varphi(\boldsymbol{z})}[H(q,p|r,\boldsymbol{d})]$$
$$= \sum_{r=0}^{1} \varphi(r) E_{\varphi(\boldsymbol{x}),\varphi(\boldsymbol{z}),\varphi(y|r)}[-\log p(y|r,\boldsymbol{d})] \tag{8.4}$$
$$= -\frac{1}{2} E_{\varphi(\boldsymbol{x})}[\log \mathcal{D}(\boldsymbol{x})] - \frac{1}{2} E_{\varphi(\boldsymbol{z})}[\log(1-\mathcal{D}(\mathcal{G}(\boldsymbol{z})))]$$

損失関数を定数倍してもそれが最小となるパラメータの値は変わらないので，計算を簡単にするため，式 (8.4) を 2 倍したものが分類器の損失関数 $J_\mathcal{D}$ として使用される．

$$J_\mathcal{D} = -E_{\varphi(\boldsymbol{x})}[\log \mathcal{D}(\boldsymbol{x})] - E_{\varphi(\boldsymbol{z})}[\log(1 - \mathcal{D}(\mathcal{G}(\boldsymbol{z})))] \tag{8.5}$$

これに対し，生成器の損失関数 $J_\mathcal{G}$ は複数提案されている．ひとつは分類器の損失関数である式 (8.5) のうち，$\mathcal{G}$ を含む項のみを抜き出し，その符合を反転させたものである [*1]．これは分類器が偽物を見抜くことを損失としている．

$$J_\mathcal{G}^c = E_{\varphi(\boldsymbol{z})}[\log(1 - \mathcal{D}(\mathcal{G}(\boldsymbol{z})))] \tag{8.6}$$

もうひとつ広く使われているのは以下のように定義される損失関数である．こちらはクロスエントロピー最小化からは導かれないものの，$J_\mathcal{G}^c$ と同様に分類器が偽物を偽物と見抜く確率が上がるほど，損失が大きくなる関数である．

$$J_\mathcal{G}^h = -E_{\varphi(\boldsymbol{z})}[\log(\mathcal{D}(\mathcal{G}(\boldsymbol{z})))] \tag{8.7}$$

GAN の学習では分類器 $\mathcal{D}$ のパラメータを動かして $J_\mathcal{D}$ を減らすことと，生成器 $\mathcal{G}$ のパラメータを動かして $J_\mathcal{G}$ を減らすことを交互に行う．つまり図 8.1 の $\mathcal{D}$ の部分のネットワークと $\mathcal{G}$ の部分のネットワークがそれぞれ誤差逆伝播法に基づき，交互に更新される．その際，更新されない方のパラメータは固定されたままである．確率的勾配降下法を使用する場合は $\varphi(\boldsymbol{x})$ と $\varphi(\boldsymbol{z})$ をバッチについての経験分布 $\tilde{\varphi}(\boldsymbol{x})$ と $\tilde{\varphi}(\boldsymbol{z})$ で近似することになる．

8.3 転置畳み込み（デコンボリューション）

生成モデルでは生成器においてチャネルあたりの隠れユニット数をいったん減らした上で，ふたたび増やすことが行われる．これは入力データを潜在的特徴の集合に変換し，学習されたルールに従ってそれを別の特徴に変換し，それを拡大することで最終的な出力を作り出すことを意味する．たとえばカラー変換であれば，白黒画像を局所特徴の集まりに変換し，それぞれをカラー画像の

[*1] 最初の損失関数は分類器のクロスエントロピーの最大化に基づくため添え字に c を，後の損失関数はヒューリスティクス（経験的にうまくいくとされている方法）に基づくため添え字に h を付けた．

8.3 転置畳み込み（デコンボリューション）

局所特徴に変換した上で，最終的なカラー画像を生成する．

チャネルあたりの隠れユニット数の減少はストライドを持つ畳み込みやプーリングによって実現できるが，増加は**転置畳み込み**（transposed convolution，またはデコンボリューション (deconvolution)）と呼ばれる変換によって行われる．たとえば全結合層の場合，4.9 節で述べたように，m 列 n 行の重み行列 W で結合を表す場合，それに対する入力の隠れユニット数が n，出力の隠れユニット数が m である．

6.3 節で述べたように任意のカーネルは重み行列として表せる．カーネル K に対応する重み行列を W とする時，それを転置した行列 W^T で表されるカーネルで畳み込みを行うことが転置畳み込みである．たとえば式 (6.10) は 3 次元のカーネル $K = [K_1, K_2, K_3]$ を 6 次元の入力 z と畳み込み，4 次元の出力を得ることを表す重み行列であったが，これを再掲する．

$$W = \begin{bmatrix} K_1 & K_2 & K_3 & 0 & 0 & 0 \\ 0 & K_1 & K_2 & K_3 & 0 & 0 \\ 0 & 0 & K_1 & K_2 & K_3 & 0 \\ 0 & 0 & 0 & K_1 & K_2 & K_3 \end{bmatrix} \tag{8.8}$$

これを転置した場合，以下が得られる．

$$W^T = \begin{bmatrix} K_1 & 0 & 0 & 0 \\ K_2 & K_1 & 0 & 0 \\ K_3 & K_2 & K_1 & 0 \\ 0 & K_3 & K_2 & K_1 \\ 0 & 0 & K_3 & K_2 \\ 0 & 0 & 0 & K_3 \end{bmatrix} \tag{8.9}$$

このままでは第 1 行と第 2 行，第 5 行と第 6 行でカーネルの全体が現れておらず，カーネルに対応する行列にならない．そのため最左列の左に 2 列，最右列の右に 2 列，追加を行うことでカーネル $\check{K} = [K_3, K_2, K_1]$ に対応した重み行列 $\check{W}$ を作れる．

$$\check{W} = \begin{bmatrix} K_3 & K_2 & K_1 & 0 & 0 & 0 & 0 & 0 \\ 0 & K_3 & K_2 & K_1 & 0 & 0 & 0 & 0 \\ 0 & 0 & K_3 & K_2 & K_1 & 0 & 0 & 0 \\ 0 & 0 & 0 & K_3 & K_2 & K_1 & 0 & 0 \\ 0 & 0 & 0 & 0 & K_3 & K_2 & K_1 & 0 \\ 0 & 0 & 0 & 0 & 0 & K_3 & K_2 & K_1 \end{bmatrix} \tag{8.10}$$

これは 6×8 行列であるので，8次元の入力から6次元の出力を得ることに対応する．また，カーネルは成分の順序が逆になっている．すなわち $\mathfrak{s}$ をカーネル $\boldsymbol{K}$ の成分数とすると，$\check{K}_i = K_{\mathfrak{s}-i+1}$ で定義される $\check{\boldsymbol{K}}$ が使われる．

$\boldsymbol{W}$ による畳み込みの出力 $\boldsymbol{a} = \boldsymbol{Wz}$ は4次元であったため，それをもとに $\check{\boldsymbol{W}}$ の入力を作るには，両端にゼロパディングを行うことで8次元ベクトルを作る必要がある．たとえば $\check{\boldsymbol{a}} = [0, 0, a_1, a_2, a_3, a_4, 0, 0]^T$ と定義すると，$\check{\boldsymbol{W}}\check{\boldsymbol{a}} = \boldsymbol{W}^T \boldsymbol{a}$ と対応させられる．つまり転置畳み込みは本来の出力 $\boldsymbol{a}$ にゼロパディングを行った $\check{\boldsymbol{a}}$ を入力とし，成分の順序を逆転させたカーネル $\check{\boldsymbol{K}}$ を使って畳み込みを行うことを意味する．

4次元ベクトル $\boldsymbol{a}$ から8次元ベクトルを作るもうひとつの方法は両端ではなく成分間に0を埋め込むことである．たとえば $\check{\boldsymbol{a}} = [a_1, 0, a_2, 0, a_3, 0, a_4, 0]^T$ という形である．2D-CNN の場合，図 8.2 のように成分間に0を埋め込むことがよく行われる．さらに出力のサイズを大きくしたい場合，各成分間に複数の0が埋め込まれる．いくつの0を埋め込むかを転置畳み込みのストライドと呼ぶ．

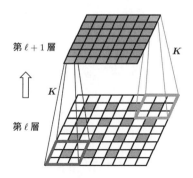

図 8.2 転置畳み込みによってサイズを拡大する例．成分の間に 0 が埋め込まれた上でカーネル $\boldsymbol{K}$ との畳み込みが行われる．第 ℓ 層では灰色の四角には数値が，白い四角には 0 が入る．第 ℓ 層が畳み込みの入力，第 $\ell+1$ 層が畳み込みの出力である．たとえば第 ℓ 層の左下隅の 3×3 の要素と 3×3 のカーネルが掛け合わされ，その総和が第 $\ell+1$ 層の左下隅の要素になる．0 を埋め込む前の第 ℓ 層のサイズ（灰色の部分）は 4×4 だが，第 $\ell+1$ 層は 7×7 になっており，サイズが拡大されている．

図 8.3 は畳み込みによってチャネルあたりの隠れユニット数を減らした後，転置畳み込みでそれを増やすネットワークの例である．このようなネットワー

クは GAN の生成器としてよく使われている．白黒画像をカラーにする変換であれば，入力層は 1 チャネル，出力層は 3 チャネルのネットワークが使われる．

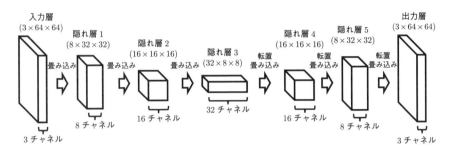

図 8.3　畳み込みと転置畳み込みによって入力層と同じサイズの出力層を得る例．畳み込みと転置畳み込みの後には活性化関数が存在するが，表記を省略している．

GAN の応用は現在，様々な形で進められており，本書では述べられなかった **VAE** (variational autoencoder) とともに，深層生成モデルの学習における重要な柱となっている．深層生成モデルは人工知能研究において今後も大きな役割を果たしていくことが期待されている．

章 末 問 題

シンプルな構成の GAN について，そのパラメータを誤差逆伝播法で更新するための勾配を求める．分類器はシグモイド関数を出力関数とする単純パーセプトロン，生成器は 3 層の全結合型ネットワークとする．生成器では隠れ層は一層であり，バイアス項は考えない．チャネル数はいずれの層でも 1 とする．分類器の重みベクトルは $\bm{w}^{\langle \mathcal{D} \rangle}$，生成器の重み行列は $\bm{W}^{\langle \mathcal{G}, 1 \rangle}$ と $\bm{W}^{\langle \mathcal{G}, 2 \rangle}$，活性化関数 ψ を並べたベクトル値関数を $\bm{f}$，生成器における隠れ層の出力は $\bm{h}^{\langle \mathcal{G}, 1 \rangle}$，出力層の値は $\bm{h}^{\langle \mathcal{G}, 2 \rangle}$ を使って表す．生成器の損失関数としてはクロスエントロピーに基づく $J_\mathcal{G}^\mathcal{C}$ を使用し，これを単に $J_\mathcal{G}$ と書く．

8-1　シグモイド関数の自然対数 $\log \sigma(a) = \log(1/(1+\exp(-a)))$ の微分を求めよ．

8-2 シグモイド関数を 1 から引いた値の自然対数 $\log(1 - \sigma(a)) = \log(\exp(-a)/(1+\exp(-a)))$ の微分を求めよ.

8-3 勾配 $\partial J_\mathcal{D}/\partial \boldsymbol{w}^{\langle \mathcal{D} \rangle}$ を求めよ.

8-4 勾配 $\partial J_\mathcal{G}/\partial \boldsymbol{W}^{\langle \mathcal{G}, 2 \rangle}$ と $\partial J_\mathcal{G}/\partial \boldsymbol{W}^{\langle \mathcal{G}, 1 \rangle}$ を求めよ.

おわりに

　本書を読み進められた読者は深層学習がシンプルで自然な工夫の積み重ねで作られていることに驚かれたかもしれない．実際，単純な要素を多数組み合わせることで高度な機能を実現させることはニューラルネットワーク研究の当初からの特徴であった．ユニット間の結合と活性化関数を重ね合わせ，適切な出力関数と損失関数を選ぶだけで高度な知的機能が実現できてしまうのは神秘的ですらある．

　そもそもニューラルネットワークは生物の脳から着想を得て生まれてきたという経緯がある．心の仕組みは複雑と考えられているが，シンプルな要素を組み合わせることで知能が発生してしまうのは脳も同様なのかもしれない．たとえば意識や概念を使った思考など，脳には理解があまり進んでいない機能も多い．だがそれらも意外に単純なものであり，情報処理の観点からの必要性があるとも考えられる．人工知能は人間とは大きく異なる材質で作られているが，その能力の向上を追求していけば結局のところ人間と同じような存在になっていくのかもしれない．人工知能によって人間が置き換えられることを恐れるのではなく，人工知能は我々の子供たちであると感じる日が来るのかもしれない．

　本書で主に扱ったのは深層学習が「どのように動くか」という説明であり，「なぜうまくいくのか」すなわち「なぜ深層学習だと他の手法よりも高度な知的処理が実現できるのか」という点に関してはあまり述べられなかった．しかしこの点についてはそもそもそれほど明らかになっておらず，現在も活発に研究が続けられている．その分析には本書で扱ったよりもさらに高度な数学的考察が必要になる．深層学習における新たなブレークスルーはそのような深い理解から生まれてくると考えられる．

章末問題解答

3章

3-1
$$\boldsymbol{a}\boldsymbol{b}^T = \begin{bmatrix} a_1 \\ a_2 \end{bmatrix} \begin{bmatrix} b_1 & b_2 \end{bmatrix} = \begin{bmatrix} a_1 b_1 & a_1 b_2 \\ a_2 b_1 & a_2 b_2 \end{bmatrix} = \begin{bmatrix} 6 & 10 \\ 12 & 20 \end{bmatrix} \tag{A.1}$$

3-2 $\|\boldsymbol{u}\| = \sqrt{4^2 + 3^2} = 5$ より,$\tilde{\boldsymbol{u}} = \boldsymbol{u}/\|\boldsymbol{u}\| = \boldsymbol{u}/5 = [4/5, 3/5]^T$.

3-3 ピザの直径を x とすると,面積は $a = \pi(x/2)^2$ である.値段 p の増加に伴う価値の増加率は微分を使い,da/dp で表せる.$da/dp = (da/dx)(dx/dp) = 50\pi x$ であるので,直径の大きいピザほど価値の増加率が大きい.

3-4
$$\frac{\partial \boldsymbol{w}}{\partial \boldsymbol{u}} = \frac{\partial \boldsymbol{w}}{\partial \boldsymbol{v}} \frac{\partial \boldsymbol{v}}{\partial \boldsymbol{u}} = \begin{bmatrix} 0 & 1 \\ -1 & 0 \end{bmatrix} \begin{bmatrix} 2u_1 & 0 \\ 0 & 3(u_2)^2 \end{bmatrix} = \begin{bmatrix} 0 & 3(u_2)^2 \\ -2u_1 & 0 \end{bmatrix} \tag{A.2}$$

3-5
$$E_{\tilde{q}(n)}\left[\frac{1}{n}\right] = \frac{1}{6}\left[\frac{1}{5} + \frac{1}{4} + \frac{1}{4} + \frac{1}{2} + \frac{1}{5} + \frac{1}{2}\right] = \frac{19}{60} \tag{A.3}$$

3-6 $\mu = 1$ で $\sigma = \sqrt{10}$ なので,$\hat{\boldsymbol{x}} = [2/\sqrt{10}, -1/\sqrt{10}, -2/\sqrt{10}, 1/\sqrt{10}]$ となる.

3-7 $H(p) = -\sum_{i=1}^{4} p_i \log_2 p_i = (1/2) + (2/4) + 0 + (2/4) = 3/2$

4章

4-1 $\boldsymbol{w}^T \boldsymbol{x} = -3$ より,$\sigma(\boldsymbol{w}^T \boldsymbol{x}) = 1/(1 + \exp(3)) \approx 1/21$

4-2 $\boldsymbol{S}(\boldsymbol{a}) \approx [1/22, 1/22, 20/22]^T$

4-3
$$\begin{aligned} H(\hat{q}, p) &= -\frac{1}{n} \sum_{i=1}^{n} \log p(\boldsymbol{y}^{(i)} | \boldsymbol{x}^{(i)}, \boldsymbol{W}) \\ &= -\frac{1}{n} \sum_{i=1}^{n} \log \frac{\exp(\boldsymbol{y}^{(i)T} \boldsymbol{W} \boldsymbol{x}^{(i)})}{\sum_k \exp((\boldsymbol{W} \boldsymbol{x}^{(i)})_k)} \end{aligned} \tag{A.4}$$

$$= -\frac{1}{n}\sum_{i=1}^{n}\left(\boldsymbol{y}^{(i)T}\boldsymbol{W}\boldsymbol{x}^{(i)} - \log\sum_{k}\exp((\boldsymbol{W}\boldsymbol{x}^{(i)})_{k})\right)$$

4-4

$$H(q,p) = E_{q(\boldsymbol{x},\boldsymbol{y})}[-\log p(\boldsymbol{y}|\boldsymbol{a})] \tag{A.5}$$
$$= E_{q(\boldsymbol{x},\boldsymbol{y})}\left[-\log\frac{\exp(\boldsymbol{y}^T\boldsymbol{a})}{\sum_{k}\exp(a_k)}\right]$$
$$= E_{q(\boldsymbol{x},\boldsymbol{y})}\left[-\boldsymbol{y}^T\boldsymbol{a} + \log\sum_{k}\exp(a_k)\right]$$

上式では $\boldsymbol{a}$ が $\boldsymbol{x}$ の関数であり，$\boldsymbol{a}(\boldsymbol{x})$ と書いてもよい.

4-5

$$H(q,p) = E_{q(\boldsymbol{x},y)}[-\log p(y|a)] = E_{q(\boldsymbol{x},y)}\left[-\log\frac{\exp(ya)}{1+\exp(a)}\right] \tag{A.6}$$
$$= E_{q(\boldsymbol{x},y)}[-ya + \log(1+\exp(a))]$$

上式では a が $\boldsymbol{x}$ の関数であり，$a(\boldsymbol{x})$ と書いてもよい.

5 章

5-1

$$\frac{\partial H(q,p)}{\partial a} = \frac{\partial E_{q(\boldsymbol{x},y)}[-ya + \log(1+\exp(a))]}{\partial a} \tag{A.7}$$
$$= E_{q(\boldsymbol{x},y)}\left[-y + \frac{\exp(a)}{1+\exp(a)}\right] = E_{q(\boldsymbol{x},y)}\left[-y + \frac{1}{\exp(-a)+1}\right]$$
$$= E_{q(\boldsymbol{x},y)}[\sigma(a) - y]$$

5-2 $dL/d\beta$ と $dL/d\gamma$ が必要であり，それは以下のように分解できる.

$$\frac{dL}{d\beta} = \frac{dL}{d\mathcal{N}}\frac{d\mathcal{N}}{d\beta}, \quad \frac{dL}{d\gamma} = \frac{dL}{d\mathcal{N}}\frac{d\mathcal{N}}{d\gamma} \tag{A.8}$$

このうち $dL/d\mathcal{N}$ は逆伝播によって出力層側から伝わってくるので，新たに計算する必要があるのは $d\mathcal{N}/d\beta$ と $d\mathcal{N}/d\gamma$ である.

5-3 式 (5.49) に従って微分を行えばよい.

$$\frac{d\mathcal{N}}{d\beta} = \frac{d(\gamma\hat{a}^{(i)} + \beta)}{d\beta} = 1, \quad \frac{d\mathcal{N}}{d\gamma} = \frac{d(\gamma\hat{a}^{(i)} + \beta)}{d\gamma} = \hat{a}^{(i)} \tag{A.9}$$

5-4

$$\delta^{\langle a^{(i)}\rangle} = \frac{dL}{da^{(i)}} = \frac{dL}{d\mathcal{N}}\frac{d\mathcal{N}}{da^{(i)}} \tag{A.10}$$

5-5

$$\frac{d\hat{a}^{(i)}}{d\sigma_{\mathcal{B}}^2} = \frac{-(a^{(i)} - \mu_{\mathcal{B}})}{2(\sigma_{\mathcal{B}}^2 + \epsilon)^{3/2}} \tag{A.11}$$

$$\frac{d\hat{a}^{(i)}}{d\mu_{\mathcal{B}}} = \frac{\partial \hat{a}^{(i)}}{\partial \mu_{\mathcal{B}}} + \frac{\partial \hat{a}^{(i)}}{\partial \sigma_{\mathcal{B}}^2}\frac{d\sigma_{\mathcal{B}}^2}{d\mu_{\mathcal{B}}} \tag{A.12}$$

$$= -\frac{1}{\sqrt{\sigma_{\mathcal{B}}^2 + \epsilon}} + \left(-\frac{a^{(i)} - \mu_{\mathcal{B}}}{2(\sigma_{\mathcal{B}}^2 + \epsilon)^{3/2}}\right) \cdot \left(-\frac{2}{\tilde{n}}\sum_{k=1}^{\tilde{n}}(a^{(k)} - \mu_{\mathcal{B}})\right)$$

$$= -\frac{1}{\sqrt{\sigma_{\mathcal{B}}^2 + \epsilon}}$$

ただし $\mu_{\mathcal{B}}$ の定義より,$\sum_{k=1}^{\tilde{n}}(a^{(k)} - \mu_{\mathcal{B}}) = 0$ であることを使った.

5-6

$$\frac{d\mu_{\mathcal{B}}}{da^{(i)}} = \frac{d}{da^{(i)}}\left(\frac{1}{\tilde{n}}\sum_{k=1}^{\tilde{n}}a^{(k)}\right) = \frac{1}{\tilde{n}} \tag{A.13}$$

$$\frac{d\sigma_{\mathcal{B}}^2}{da^{(i)}} = \frac{\partial \sigma_{\mathcal{B}}^2}{\partial a^{(i)}} + \frac{\partial \sigma_{\mathcal{B}}^2}{\partial \mu_{\mathcal{B}}}\frac{d\mu_{\mathcal{B}}}{da^{(i)}} \tag{A.14}$$

$$= \frac{2}{\tilde{n}}(a^{(i)} - \mu_{\mathcal{B}}) - \frac{2}{\tilde{n}^2}\sum_{k=1}^{\tilde{n}}(a^{(k)} - \mu_{\mathcal{B}}) = \frac{2}{\tilde{n}}(a^{(i)} - \mu_{\mathcal{B}})$$

5-7 式 (5.49) にあるように,$\hat{a}^{(i)}$ は直接の引数として $a^{(i)}$ を持つが,それ以外にも $\mu_{\mathcal{B}}$ と $\sigma_{\mathcal{B}}^2$ が $a^{(i)}$ の関数である.実際,バッチ全体の平均と標準偏差はひとつのサンプルの値 $a^{(i)}$ に依存する.ゆえに以下のように全微分を使うことになる.

$$\frac{d\hat{a}^{(i)}}{da^{(i)}} = \frac{\partial \hat{a}^{(i)}}{\partial a^{(i)}} + \frac{\partial \hat{a}^{(i)}}{\partial \mu_{\mathcal{B}}}\frac{d\mu_{\mathcal{B}}}{da^{(i)}} + \frac{\partial \hat{a}^{(i)}}{\partial \sigma_{\mathcal{B}}^2}\frac{d\sigma_{\mathcal{B}}^2}{da^{(i)}} \tag{A.15}$$

$$= \frac{1}{\sqrt{\sigma_{\mathcal{B}}^2 + \epsilon}} - \frac{1}{\tilde{n}\sqrt{\sigma_{\mathcal{B}}^2 + \epsilon}} - \frac{(a^{(i)} - \mu_{\mathcal{B}})^2}{\tilde{n}(\sigma_{\mathcal{B}}^2 + \epsilon)^{3/2}}$$

$$= \frac{1}{\tilde{n}\sqrt{\sigma_{\mathcal{B}}^2 + \epsilon}}\left(\tilde{n} - 1 - \frac{(a^{(i)} - \mu_{\mathcal{B}})^2}{\sigma_{\mathcal{B}}^2 + \epsilon}\right)$$

5-8

$$\frac{d\mathcal{N}}{da^{(i)}} = \frac{d\mathcal{N}}{d\hat{a}^{(i)}}\frac{d\hat{a}^{(i)}}{da^{(i)}} \tag{A.16}$$

$$= \frac{\gamma}{\tilde{n}\sqrt{\sigma_{\mathcal{B}}^2 + \epsilon}}\left(\tilde{n} - 1 - \frac{(a^{(i)} - \mu_{\mathcal{B}})^2}{\sigma_{\mathcal{B}}^2 + \epsilon}\right)$$

6 章

6-1 $a = [-1, 3, -1]^T$

6-2 $\max(a,b) = (1/2)(\mathcal{R}(a-b) + \mathcal{R}(b-a) + a + b)$

6-3
$$a_{\omega\tau\upsilon} = \sum_{\pi=1}^{\mathfrak{p}} \sum_{\lambda=1}^{\mathfrak{s}} \sum_{\eta=1}^{\mathfrak{t}} K_{\omega\pi\lambda\eta} z_{\pi,(\tau+\lambda-1),(\upsilon+\eta-1)}$$
$$(1 \leq \tau \leq \mathfrak{n} - \mathfrak{s} + 1), (1 \leq \upsilon \leq \mathfrak{m} - \mathfrak{t} + 1) \tag{A.17}$$

6-4 2 次元の max プーリングでも勾配は argmax 関数であるが，その引数と値が行列になる．引数の行列において $z_{\alpha\beta}$ が最大である時，argmax の値である行列では (α, β) 成分のみが 1 であり，それ以外の成分が 0 となる．

$$\frac{\partial \max(\boldsymbol{z})}{\partial \boldsymbol{z}} = \arg\max_{(\alpha,\beta)}(z_{\alpha\beta}) \tag{A.18}$$

6-5
$$\boldsymbol{T}_{::1} = \begin{bmatrix} 1 & -1 \\ 1 & -1 \end{bmatrix}, \quad \boldsymbol{T}_{::2} = \begin{bmatrix} -1 & 1 \\ -1 & 1 \end{bmatrix} \tag{A.19}$$

7 章

7-1

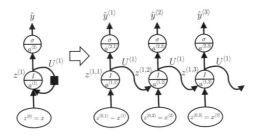

図 **A.1** 魚沼産コシヒカリを頻繁に購入している利用者を検出する RNN とそれに対する BPTT．ただし I は恒等写像を表す．

7-2
$$\frac{\partial L}{\partial U^{\langle 1 \rangle}} = \sum_{t=1}^{T} \frac{\partial L^{\langle t \rangle}}{\partial U^{\langle 1 \rangle}} = \sum_{t=1}^{T} \frac{\partial L^{\langle t \rangle}}{\partial a^{\langle 2,t \rangle}} \frac{\partial a^{\langle 2,t \rangle}}{\partial z^{\langle 1,t \rangle}} \frac{\partial z^{\langle 1,t \rangle}}{\partial U^{\langle 1 \rangle}} \tag{A.20}$$
$$= \sum_{t=2}^{T} (\sigma(a^{\langle 2,t \rangle}) - y^{\langle t \rangle}) z^{\langle 1,t-1 \rangle}$$

7-3
$$\frac{\partial o^{\langle t \rangle}}{\partial h^{\langle FG,t \rangle}} = \frac{\partial o^{\langle t \rangle}}{\partial h^{\langle OU,t \rangle}} \frac{\partial h^{\langle OU,t \rangle}}{\partial a^{\langle OU,t \rangle}} \frac{\partial a^{\langle OU,t \rangle}}{\partial h^{\langle FG,t \rangle}} \tag{A.21}$$

$$= h^{\langle OG,t \rangle} \frac{\partial f^{\langle OU \rangle}}{\partial a^{\langle OU \rangle}} s^{\langle t-1 \rangle}$$

7-4

$$\frac{\partial o^{\langle t \rangle}}{\partial \boldsymbol{w}^{\langle FG \rangle}} = \frac{\partial o^{\langle t \rangle}}{\partial h^{\langle OU,t \rangle}} \frac{\partial h^{\langle OU,t \rangle}}{\partial a^{\langle OU,t \rangle}} \frac{\partial a^{\langle OU,t \rangle}}{\partial h^{\langle FG,t \rangle}} \frac{\partial h^{\langle FG,t \rangle}}{\partial a^{\langle FG,t \rangle}} \frac{\partial a^{\langle FG,t \rangle}}{\partial \boldsymbol{w}^{\langle FG \rangle}} \quad (A.22)$$

$$= h^{\langle OG,t \rangle} \frac{\partial f^{\langle OU \rangle}}{\partial a^{\langle OU \rangle}} s^{\langle t-1 \rangle} \frac{\partial f^{\langle FG \rangle}}{\partial a^{\langle FG \rangle}} \boldsymbol{z}^{\langle t-1 \rangle}$$

8 章

8-1

$$\frac{d \log \sigma}{da} = \frac{d}{da} \log \left(\frac{1}{1 + \exp(-a)} \right) = \frac{d}{da} \left(-\log(1 + \exp(-a)) \right) \quad (A.23)$$

$$= \frac{\exp(-a)}{1 + \exp(-a)} = 1 - \sigma(a)$$

8-2

$$\frac{d \log (1 - \sigma)}{da} = \frac{d}{da} \log \left(\frac{\exp(-a)}{1 + \exp(-a)} \right) \quad (A.24)$$

$$= \frac{d}{da} \left(-a - \frac{1}{1 + \exp(-a)} \right)$$

$$= -1 + \frac{\exp(-a)}{1 + \exp(-a)} = -\sigma(a)$$

8-3

$$\frac{\partial J_{\mathcal{D}}}{\partial \boldsymbol{w}^{\langle \mathcal{D} \rangle}} = -E_{\varphi(\boldsymbol{x})} \left[\frac{\partial \log \mathcal{D}(\boldsymbol{x})}{\partial \boldsymbol{w}^{\langle \mathcal{D} \rangle}} \right] - E_{\varphi(\boldsymbol{z})} \left[\frac{\partial \log (1 - \mathcal{D}(\mathcal{G}(\boldsymbol{z})))}{\partial \boldsymbol{w}^{\langle \mathcal{D} \rangle}} \right] \quad (A.25)$$

式 (A.25) の第 1 項は以下である．シグモイド関数の対数の微分を求めるのには式 (A.23) が使える．活性は本物 $\boldsymbol{x}$ を与えた時の値であるので，$a^{\langle \mathcal{D}, \boldsymbol{x} \rangle}$ で表している．

$$-E_{\varphi(\boldsymbol{x})} \left[\frac{\partial \log \mathcal{D}(\boldsymbol{x})}{\partial \boldsymbol{w}^{\langle \mathcal{D} \rangle}} \right] = -E_{\varphi(\boldsymbol{x})} \left[\frac{\partial \log \mathcal{D}(\boldsymbol{x})}{\partial a^{\langle \mathcal{D}, \boldsymbol{x} \rangle}} \frac{\partial a^{\langle \mathcal{D}, \boldsymbol{x} \rangle}}{\partial \boldsymbol{w}^{\langle \mathcal{D} \rangle}} \right] \quad (A.26)$$

$$= -E_{\varphi(\boldsymbol{x})} \left[\frac{\partial \log \sigma(a^{\langle \mathcal{D}, \boldsymbol{x} \rangle})}{\partial a^{\langle \mathcal{D}, \boldsymbol{x} \rangle}} \boldsymbol{x}^T \right]$$

$$= -E_{\varphi(\boldsymbol{x})} \left[(1 - \sigma(a^{\langle \mathcal{D}, \boldsymbol{x} \rangle})) \boldsymbol{x}^T \right]$$

式 (A.25) の第 2 項は以下である．$\log (1 - \sigma(a))$ の微分を求めるのに式 (A.24) が使える．ただし分類器に渡される活性は偽物 $\mathcal{G}(\boldsymbol{z})$ を与えた時の値であるので，$a^{\langle \mathcal{D}, \boldsymbol{z} \rangle}$ で表している．

$$
\begin{aligned}
-E_{\varphi(\boldsymbol{z})} &\left[\frac{\partial \log\left(1 - \mathcal{D}(\mathcal{G}(\boldsymbol{z}))\right)}{\partial \boldsymbol{w}^{\langle \mathcal{D} \rangle}} \right] \\
&= -E_{\varphi(\boldsymbol{z})} \left[\frac{\partial \log\left(1 - \mathcal{D}(\mathcal{G}(\boldsymbol{z}))\right)}{\partial a^{\langle \mathcal{D}, \boldsymbol{z} \rangle}} \frac{\partial a^{\langle \mathcal{D}, \boldsymbol{z} \rangle}}{\partial \boldsymbol{w}^{\langle \mathcal{D} \rangle}} \right] \\
&= -E_{\varphi(\boldsymbol{z})} \left[\frac{\partial}{\partial a^{\langle \mathcal{D}, \boldsymbol{z} \rangle}} \left(\log \frac{\exp(-a^{\langle \mathcal{D}, \boldsymbol{z} \rangle})}{1 + \exp(-a^{\langle \mathcal{D}, \boldsymbol{z} \rangle})} \right) \mathcal{G}(\boldsymbol{z})^T \right] \\
&= -E_{\varphi(\boldsymbol{z})} \left[-\sigma(a^{\langle \mathcal{D}, \boldsymbol{z} \rangle}) \mathcal{G}(\boldsymbol{z})^T \right] = E_{\varphi(\boldsymbol{z})} \left[\sigma(a^{\langle \mathcal{D}, \boldsymbol{z} \rangle}) \mathcal{G}(\boldsymbol{z})^T \right]
\end{aligned}
\tag{A.27}
$$

8-4 重み行列の成分 $W_{\mu\nu}^{\langle \mathcal{G}, 2 \rangle}$ あるいは $W_{\mu\nu}^{\langle \mathcal{G}, 1 \rangle}$ ごとに微分を行い，結果をまとめて行列として表すことで以下が得られる．ふたたび式 (A.24) を使っている．

$$
\begin{aligned}
\frac{\partial J_{\mathcal{G}}}{\partial \boldsymbol{W}^{\langle \mathcal{G}, 2 \rangle}} &= \frac{\partial J_{\mathcal{G}}}{\partial a^{\langle \mathcal{D}, \boldsymbol{z} \rangle}} \frac{\partial a^{\langle \mathcal{D}, \boldsymbol{z} \rangle}}{\partial \boldsymbol{h}^{\langle \mathcal{G}, 2 \rangle}} \frac{\partial \boldsymbol{h}^{\langle \mathcal{G}, 2 \rangle}}{\partial \boldsymbol{a}^{\langle \mathcal{G}, 2 \rangle}} \frac{\partial \boldsymbol{a}^{\langle \mathcal{G}, 2 \rangle}}{\partial \boldsymbol{W}^{\langle \mathcal{G}, 2 \rangle}} \\
&= E_{q(\boldsymbol{z})} \left[\frac{\partial}{\partial a^{\langle \mathcal{D}, \boldsymbol{z} \rangle}} \left(\log \left(1 - \sigma(a^{\langle \mathcal{D}, \boldsymbol{z} \rangle}) \right) \right) \boldsymbol{w}^{\langle \mathcal{D} \rangle} \boldsymbol{f}' \boldsymbol{h}^{\langle \mathcal{G}, 1 \rangle T} \right] \\
&= -E_{q(\boldsymbol{z})} \left[\sigma(a^{\langle \mathcal{D}, \boldsymbol{z} \rangle}) \boldsymbol{w}^{\langle \mathcal{D} \rangle} \boldsymbol{f}' \boldsymbol{h}^{\langle \mathcal{G}, 1 \rangle T} \right]
\end{aligned}
\tag{A.28}
$$

$$
\begin{aligned}
\frac{\partial J_{\mathcal{G}}}{\partial \boldsymbol{W}^{\langle \mathcal{G}, 1 \rangle}} &= \frac{\partial J_{\mathcal{G}}}{\partial a^{\langle \mathcal{D}, \boldsymbol{z} \rangle}} \frac{\partial a^{\langle \mathcal{D}, \boldsymbol{z} \rangle}}{\partial \boldsymbol{h}^{\langle \mathcal{G}, 2 \rangle}} \frac{\partial \boldsymbol{h}^{\langle \mathcal{G}, 2 \rangle}}{\partial \boldsymbol{a}^{\langle \mathcal{G}, 2 \rangle}} \frac{\partial \boldsymbol{a}^{\langle \mathcal{G}, 2 \rangle}}{\partial \boldsymbol{h}^{\langle \mathcal{G}, 1 \rangle}} \frac{\partial \boldsymbol{h}^{\langle \mathcal{G}, 1 \rangle}}{\partial \boldsymbol{a}^{\langle \mathcal{G}, 1 \rangle}} \frac{\partial \boldsymbol{a}^{\langle \mathcal{G}, 1 \rangle}}{\partial \boldsymbol{W}^{\langle \mathcal{G}, 1 \rangle}} \\
&= -E_{q(\boldsymbol{z})} \left[\sigma(a^{\langle \mathcal{D}, \boldsymbol{z} \rangle}) \boldsymbol{w}^{\langle \mathcal{D} \rangle} \boldsymbol{f}' \boldsymbol{W}^{\langle \mathcal{G}, 2 \rangle} \boldsymbol{f}' \boldsymbol{z}^T \right]
\end{aligned}
\tag{A.29}
$$

文 献 案 内

Ian Goodfellow, Yoshua Bengio, and Aaron Courville, *Deep Learning*, MIT Press, 2016.［日本語版：岩澤有祐，鈴木雅大，中山浩太郎，松尾豊（監訳），味曽野雅史，黒滝紘生，保住純，野中尚輝，河野慎，冨山翔司，角田貴大（訳），『深層学習』，KADOKAWA, 2018.］

　名実ともに深層学習の代表的解説書であり，The Deep Learning Book という通称がまさに相応しい．待望の日本語版が今年刊行された．

Francois Chollet, *Deep Learning with Python*, Manning Publications, 2017.

　深層学習の代表的フレームワークのひとつである Keras の開発者による著作であり，Python で実装を行いながら学ぶことができる．

岡谷貴之，『深層学習』，講談社，2015.

　このような素晴らしい解説書が 2015 年の時点で出たことは日本語話者にとって大きな幸運だった．

人工知能学会（監修），神嶌敏弘（編集），麻生英樹，安田宗樹，前田新一，岡野原大輔，岡谷貴之，久保陽太郎，ボレガラダヌシカ（著），『深層学習—Deep Learning』，近代科学社，2015.

　深層学習を巡る各トピックについて，それぞれについての研究者が掘り下げて議論している．各トピックについて充実した参考文献リストがある．

瀧雅人，『これならわかる深層学習入門』，講談社，2017.

　丁寧な説明が行われている入門書であり，本書で扱えなかったボルツマンマシンや AlphaGo などで使われている深層強化学習について充実した解説がある．

斎藤康毅，『ゼロから作る Deep Learning—Python で学ぶディープラーニングの理論と実装』，オライリー・ジャパン，2016.

　本書では数式を使って深層学習を説明したが，実際にプログラミングしながら学ぶのであればこの本が良い．

巣籠悠輔，『詳解ディープラーニング—TensorFlow・Keras による時系列データ処理』，

マイナビ出版, 2017.

深層学習の仕組みの説明と TensorFlow と Keras による実装例がバランスよく書かれた良書．図も充実している．

涌井良幸, 涌井貞美,『ディープラーニングがわかる数学入門』, 技術評論社, 2017.

本書と同様に深層学習に関わる数式の理解に力点を置いた解説書．ベクトルや偏微分についての解説が丁寧であり分かりやすい．

伊藤真,『Python で動かして学ぶ！ あたらしい機械学習の教科書』, 翔泳社, 2018.

機械学習の基本的な概念から出発し，CNN（畳み込みニューラルネットワーク）まで手を動かしながら学ぶことができる．

坪井祐太, 海野裕也, 鈴木潤,『深層学習による自然言語処理』, 講談社, 2017.

本書ではあまり述べられなかった自然言語処理における深層学習の利用について詳しく書かれている．

Alex Krizhevsky, Ilya Sutskever, and Geoffrey E. Hinton, ImageNet Classification with Deep Convolutional Neural Networks, *Advances in Neural Information Processing Systems*, pp. 1097-1105, 2012.

深い CNN を使用して画像認識タスクにおけるブレークスルーをもたらし，深層学習革命の幕開けを告げた記念碑的な論文．

Christian Szegedy, Wei Liu, Yangqing Jia, Pierre Sermanet, Scott Reed, Dragomir Anguelov, Dumitru Erhan, Vincent Vanhoucke, and Andrew Rabinovich, Going Deeper with Convolutions, *Proceedings of the IEEE Conference on Computer Vision and Pattern Recognition*, pp. 1-9, 2015.

インセプションモジュール (Inception module) と呼ばれる構成要素を重ねた GoogLeNet と呼ばれるネットワーク構造を提案した論文．

Kaiming He, Xiangyu Zhang, Shaoqing Ren, and Jian Sun, Deep Residual Learning for Image Recognition, *Proceedings of the 2016 IEEE Conference on Computer Vision and Pattern Recognition (CVPR)*, 2016.

現在の CNN で広く使用されている Residual Network (ResNet) というアーキテクチャを提案した論文．

Yoshua Bengio, Learning Deep Architectures for AI, *Technical Report 1312, Université de Montréal*, 2009.

なぜニューラルネットワークを深くしていくことが重要であるかを理論的に考察した論文．

Nitish Srivastava, Geoffey Hinton, Alex Krizhevsky, Ilya Sutskever, and Ruslan Salakhutdinov, Dropout: A Simple Way to Prevent Neural Networks from Overfitting, *Journal of Machine Learning Research 15*, p. 1929-1958, 2014.
　深層学習における正則化の代表的な方法であるドロップアウトが提案された論文.

Sergey Ioffe and Christian Szegedy, Batch Normalization: Accelerating Deep Network Training by Reducing Internal Covariate Shift, *Proceedings of the 32nd International Conference on Machine Learning*, 2015.
　現在の深層学習の実装で欠かせないバッチ正規化が提案された論文.

Sepp Hochreiter and Jürgen Schmidhuber, Long short-term memory, *Neural Computation*, 9(8), p.1735-1780, 1997.
　RNN（リカレントニューラルネットワーク）における代表的な手法であるLSTMが提案された論文.

Ian J. Goodfellow, Jean Pouget-Abadie, Mehdi Mirza, Bing Xu, David Warde-Farley, Sherjil Ozair, Aaron Courville, and Yoshua Bengio, Generative Adversarial Nets, *Advances in Neural Information Processing Systems 27*, 2014.
　深層学習の研究におけるフロンティアである深層生成モデルの学習に新たな方法論を切り拓いたGAN（敵対的生成ネットワーク）が提案された論文.

索　引

欧　文

1D-CNN　123
2D-CNN　123, 138

AdaGrad　112
Adam　113
argmax 関数　75, 137

BPTT（通時的逆伝播）
　146
CNN（畳み込みニューラル
　ネットワーク）　121

FCN（全結合型ニューラル
　ネットワーク）　121
FNN（順伝播型ニューラル
　ネットワーク）　142,
　144

GAN（敵対的生成ネット
　ワーク）　153
GPU　8

KL ダイバージェンス　54,
　67, 102

LSTM　148

LSTM セル　148

max プーリング　136
MLP（多層パーセプトロ
　ン）　79
MSE（平均二乗誤差）　79

one-hot 表現　23, 76, 101,
　120, 137
one-hot ベクトル　23
one-of-K 表現　23

ReLU　84, 111, 137
RMSProp　113
RNN（再帰型ニューラル
　ネットワーク）　142,
　144

SGD（確率的勾配降下法）
　91

VAE　159

ア　行

アダマール積　24, 113
アンダーフィッティング
　18
鞍点　92

一次結合　59
上添え字　21
魚沼産コシヒカリ　144,
　151
エポック　111
エントロピー　51

オーバーフィッティング
　17, 114
オフセット　124
重み　7, 15, 59, 81, 88,
　121, 157
重み付き平均　113
音声　133, 135
オンラインアルゴリズム
　93

カ　行

回帰　13, 152
回帰器　14
階数　31
ガウス分布　77
過学習　17
学習　63
学習率　90, 112
確率的勾配降下法 (SGD)
　91, 109, 111, 112, 156

索引

確率分布 42
確率分布ベクトル 74
確率変数 42
確率密度関数 42
隠れ層 5, 80, 118
隠れユニット 4, 81
数ベクトル 20
画像 22, 121, 122, 133, 138, 152, 153, 154
画像認識 135, 138
活性化関数 81
活性ベクトル 81, 99
カテゴリカル属性 12
カーネル 122, 123, 138, 157
株価 123, 126, 130, 136, 140
可変長 142

機械学習 1, 6
期待値 46
逆伝播 93, 94, 107, 111
強化学習 13
教師あり学習 12, 152
教師なし学習 12, 152
行ベクトル 20
共変量シフト 116
行列 26
　――の積 26, 105
局所最適解 92
局所特徴 120

クラス 14
クラスタリング 12
クロスエントロピー 54, 67, 88, 97, 110, 155
　――の期待値 68
訓練 15, 63
訓練誤差 17
訓練損失 17

訓練データ 17, 153

経験分布 46, 106, 156
経験リスク 70
経験リスク最小化 70
系列データ 142
ケーキ 57
結合 80
結合確率 42
ゲート 148
原点 22

勾配 33, 93, 101, 109, 111
勾配降下法 35, 90
勾配消失問題 111, 147
勾配爆発問題 147
勾配ベクトル 35
合否判定 59
誤差逆伝播法 93, 103, 108, 109, 111, 131, 139, 147

サ 行

再帰型ニューラルネットワーク (RNN) 142, 144
再帰的定義 107
最急降下法 91
サイズ 134
サブサンプリング 92
サンプリング 70
サンプル 11

時間遅延 143
識別モデル 152
シグモイド関数 38, 64, 71, 73, 81, 96, 110, 150, 159

時系列データ 142
次元 21
次元削減 12
事象 49
下添え字 21
シャノン符号化 53
従属変数 14
自由度 15
周辺確率 43
出力層 80
出力ユニット 149
受容野 130
順伝播 93, 94, 111
順伝播型ニューラルネットワーク (FNN) 142, 144
条件付き確率 44
情報量 49, 51
深層生成モデル 153

数値属性 12
スカラー 31
スカラー倍 31
スコア 98
ステップ幅 90
ストライド 133

正規化 31
正規分布 77
生成器 153
生成モデル 9, 152
成績評価 62, 79, 86, 96, 107
正則化 114
成分 21
ゼロパディング 132, 158
線形回帰 77
線形結合 59
線形分類器 58
全結合 121

索引

全結合型ニューラルネット
　ワーク (FCN)　121
全微分　39

双曲線正接関数　86
相互相関　127
属性　11
ソフトマックス関数　73,
　74, 96
損失関数　16, 35, 88, 97,
　110, 156

タ行

大域的最適解　92
多層ニューラルネットワー
　ク　79
多層パーセプトロン
　(MLP)　79
畳み込み　123, 125
畳み込みニューラルネット
　ワーク (CNN)　121
多値分類　14
多様体学習　12
単位行列　29
単純パーセプトロン　65,
　71, 81

チェーンルール　37
チャネル　133, 139
中間層　5
中間表現　83

通時的逆伝播 (BPTT)
　146

適応的最適化　112
敵対的生成ネットワーク
　(GAN)　153
デコンボリューション

　157
テスト　16
テスト誤差　17
テスト損失　17
テストデータ　17
デルタ　107, 109, 147
　——の更新規則　108,
　110, 131
　——の伝播　93
転移学習　9
展開　146
天気　42, 46
テンソル　31
転置　21
転置畳み込み　157

動画　141
統計量　48
同時確率　42
動的計画法　112
特徴ベクトル　23
特徴量　11
独立性　45
独立変数　14
登山　89
ドロップアウト　114

ナ行

内部共変量シフト　116

二値分類　14
入力ゲート　149
入力層　80
入力ユニット　149
ニューラルネットワーク
　2, 22
ニューロン　2, 81, 130

年収　77

覗き穴　151
ノード　2
ノルム　30

ハ行

バイアス　60
バイアス項　60, 81
ハイパーボリックタンジェ
　ント関数　86
バックプロパゲーション
　93
バッチ　91, 106, 156
バッチ正規化　115, 116
パディング　132
パラメータ　4, 22, 88
パラメータ共有　122
パラメータ空間　89
パラメータ更新　91, 111,
　117, 131
パラメータ最適化　15
パラメータ推定　15
汎化　13
汎化損失　17
反復的アルゴリズム　88

ピザ　57
微分　32
表現学習　9
標準化　48
標準偏差　48, 77, 117
標本　11
ビール　46

フィルタ　123
フィルタリング　123
符号化　52
部分線形　85
不変性　135
プラトー　92

プーリング　136
　——の勾配　137
プーリングサイズ　136
プーリング層　136
分散　47
分類　13, 152
分類器　14, 153

平均　47
平均二乗誤差 (MSE)　72, 79
平均プーリング　137
ベクトル　20
　——の積　24, 59, 105
ベクトル値関数　23, 82, 100
偏微分　34

忘却ゲート　149
飽和的非線形性　111
翻訳　152

マ　行

ミニバッチ　91

メモ化　112
メモリセル　149

モデル　15
モーメント　48, 113

ヤ　行

ヤコビ行列　36, 108, 109, 131
　——の連鎖律　93, 98, 103, 107

ユニット　2, 80

予測　12
予測器　14

ラ　行

列ベクトル　20
連鎖律　37

著者略歴

手塚 太郎 (てづか たろう)

1978 年 東京都に生まれる
2005 年 京都大学大学院情報学研究科博士後期課程修了
現　在 筑波大学図書館情報メディア系准教授,
　　　　人工知能科学センター研究員（機械学習分野）
　　　　博士（情報学）
　　　　情報処理学会，電子情報通信学会，ACM 等会員

しくみがわかる深層学習　　　　　　　定価はカバーに表示

2018 年 6 月 25 日　初版第 1 刷
2020 年 7 月 25 日　　　第 3 刷

著　者　手　塚　太　郎
発行者　朝　倉　誠　造
発行所　株式会社 朝　倉　書　店
　　　　東京都新宿区新小川町6-29
　　　　郵便番号　162-8707
　　　　電　話　03(3260)0141
　　　　Ｆ Ａ Ｘ　03(3260)0180
　　　　http://www.asakura.co.jp

〈検印省略〉

© 2018〈無断複写・転載を禁ず〉　　中央印刷・渡辺製本

ISBN 978-4-254-12238-1　C 3004　　Printed in Japan

JCOPY〈(社)出版者著作権管理機構 委託出版物〉

本書の無断複写は著作権法上での例外を除き禁じられています．複写される場合は，そのつど事前に，(社)出版者著作権管理機構（電話 03-3513-6969, FAX 03-3513-6979, e-mail: info@jcopy.or.jp）の許諾を得てください．

同志社大 津田博史監修　新生銀行 嶋田康史編著
FinTechライブラリー
ディープラーニング入門
—Pythonではじめる金融データ解析—
27583-4 C3334　　　　A5判 216頁 本体3600円

金融データを例にディープラーニングの実装をていねいに紹介．〔内容〕定番非線形モデル／ディープニューラルネットワーク／金融データ解析への応用／畳み込みニューラルネットワーク／ディープラーニング開発環境セットアップ／ほか

滋賀大 竹村彰通監訳
機械学習
—データを読み解くアルゴリズムの技法—
12218-3 C3034　　　　A5判 392頁 本体6200円

機械学習の主要なアルゴリズムを取り上げ，特徴量・タスク・モデルに着目して論理的基礎から実装までを平易に紹介．〔内容〕二値分類／教師なし学習／木モデル／ルールモデル／線形モデル／距離ベースモデル／確率モデル／特徴量／他

岡山大 長畑秀和著
Rで学ぶ データサイエンス
12227-5 C3041　　　　B5判 248頁 本体4400円

データサイエンスで重要な手法を，Rで実践し身につける．〔内容〕多次元尺度法／対応分析／非線形回帰分析／樹木モデル／ニューラルネットワーク／アソシエーション分析／生存時間分析／潜在構造分析法／時系列分析／ノンパラメトリック法

東大 山西健司著
数理工学ライブラリー3
情報論的学習とデータマイニング
11683-0 C3341　　　　A5判 176頁 本体3000円

膨大な情報の海の中から価値ある知識を抽出するために，機械学習やデータマイニングに関わる数理的手法を解説．〔内容〕情報論的学習理論（確率的コンプレキシティの基礎・拡張と周辺）／データマイニング応用（静的データ・動的データ）

愛媛大 十河宏行著
実践Pythonライブラリー
心理学実験プログラミング
—Python/PsychoPyによる実験作成・データ処理—
12891-8 C3341　　　　A5判 192頁 本体3000円

Python(PsychoPy)で心理学実験の作成やデータ処理を実践．コツやノウハウも紹介．〔内容〕準備（プログラミングの基礎など）／実験の作成（刺激の作成，計測）／データ処理（整理，音声，画像）／付録（セットアップ，機器制御）

前東大 小柳義夫監訳
実践Pythonライブラリー
計 算 物 理 学 I
—数値計算の基礎/HPC/フーリエ・ウェーブレット解析—
12892-5 C3341　　　　A5判 376頁 本体5400円

Landau et al., Computational Physics: Problem Solving with Python, 3rd ed.を2分冊で．理論からPythonによる実装まで解説．〔内容〕誤差／モンテカルロ法／微積分／行列／データのあてはめ／微分方程式／HPC／フーリエ解析／他

前東大 小柳義夫監訳
実践Pythonライブラリー
計 算 物 理 学 II
—物理現象の解析・シミュレーション—
12893-2 C3341　　　　A5判 304頁 本体4600円

計算科学の基礎を解説したI巻につづき，II巻ではさまざまな物理現象を解析・シミュレーションする．〔内容〕非線形系のダイナミクス／フラクタル／熱力学／分子動力学／静電場解析／熱伝導／波動方程式／衝撃波／流体力学／量子力学／他

慶大 中妻照雄著
実践Pythonライブラリー
Pythonによる ファイナンス入門
12894-9 C3341　　　　A5判 176頁 本体2800円

初学者向けにファイナンスの基本事項を確実に押さえた上で，Pythonによる実装をプログラミングの基礎から丁寧に解説．〔内容〕金利・現在価値・内部収益率・債権分析／ポートフォリオ選択／資産運用における最適化問題／オプション価格

海洋大 久保幹雄監修　東邦大 並木 誠著
実践Pythonライブラリー
Pythonによる 数理最適化入門
12895-6 C3341　　　　A5判 208頁 本体3200円

数理最適化の基本的な手法をPythonで実践しながら身に着ける．初学者にも試せるようにプログラミングの基礎から解説．〔内容〕Python概要／線形最適化／整数線形最適化問題／グラフ最適化／非線形最適化／付録:問題の難しさと計算量

国立国語研 前川喜久雄監修
奈良先端大 松本裕治・東工大 奥村 学編
講座 日本語コーパス8
コーパスと自然言語処理
51608-1 C3381　　　　A5判 192頁 本体3400円

自然言語処理の手法・技術がコーパスの構築と運用に果たす役割を各方面から解説．〔内容〕コーパスアノテーション／形態素解析・品詞タグ付与・固有表現解析／統語解析／意味解析／語彙概念と述語項構造／照応解析・文章構造解析／他

上記価格（税別）は2020年6月現在